미래를 결정하는

나의 태도

인생의 출발선에 선 젊은 그대를 위한 삶의 지침서

미래를 결정하는 나의 태도

상 진 지음

마루비

차례

6부 / 삶의 동반자

7부 / 실패 없는 인생을 위하여

인생이라는 긴 여행을 시작하며

우리 풍속에는 아이가 태어난 지 일 년이 되면 부모와 친지들이 다함께 모여 아이의 건강을 축원하며 돌잔치라는 것을 치른다. 돌잔치의 백미는 뭐니 뭐니 해도 아이의 장래를 점쳐보는 돌잡이다. 다 같이 모인 자리에서 재미삼아 해보는 것이지만 아이가 어떤 물건을 집는지 바라보는 부모의 심정은 은근히 긴장되지 않을 수 없다. 아이가 무엇을 집든 진심으로 기뻐하는 부모의 마음 한편에는 아이가 장차 어떤 사람으로 성장해 갈지 막연한 기대감이 자리잡고 있기 때문이다.

그런 부모의 기대는 아이가 자라면서 자주 하게 되는 '넌 커서 뭐가 될래? 뭐가 되고 싶어?'라는 질문을 통해서도 이어진다. 열 살 이전쯤 되는 아이라면 '난 커서 대통령이 될래요', '난 커서 장군이 될래요'처럼 실현가능성이 낮은 대답을 하기도 하지만, 부모는 아랑곳없이 그저 흐뭇하기만 하다. 그 후 아이가 좀 더 성장해 10대 초중반이 되면 이제 아이들은 서서히 자신의 정체성을 알기 시작한다. 그래서 자신의 흥미와 능력을 고려하여 '난 야구선수가 될 거야'와 같이 좀 더 구체화된 대답을 하게 된다. 그리고 다시 10대 후반이 되었을 즈음엔 자신의 이상과 능력을 차츰 깨달으면서 '난 공무원이 될 거야' 같은 비로소 현실적인 대답을 하게 되는 것이다. 돌잔치 때 가졌던 부모의 기대와는 달리 이처럼 아이는 성장하여 성인이 되면서 점점 자신의 성격과 이상, 능력에 맞추어 미래를 설계해 나가게 된다.

모든 사람들은 성인이 되면 각자 자신이 설계한 꿈을 실현하기 위해 자기가 좋아하고 원하고 잘 할 수 있는 직업을 선택하고, 또 자신과 같이 미래를 이루어 갈 배우자를 만나 결혼한다. 이후 자식을 낳고 기르면서 사회구성원으로서의 역할과 부모로서의 역할을 충실히 하면서 삶을 살아간다. 이렇게 각자 자신이 선택한 길을 따라 수십 년 동안 자신에게 맡겨진 역할을 나름대로 열심히 수행하며 살아가지만 안타깝게도 그 결과는 어릴 적 부모의 기대는 물론 젊은 시절 자신이 품었던 청운의 꿈에서도 한참 멀어져 있다.

수십 년 동안 온갖 세상풍파를 겪으면서 세상을 살다보면 예상하지 못했던 행운과 불운을 만나기도 하고 어떤 사람은 자신의 뜻을 이루어 사회 · 경제적 성공을 거두기도 하고, 또 어떤 사람은 원하던 길을 가보지도 못한 채 방향을 잃고 헤매다가 나이가 들어 어려운 처지에 놓이기도 한다.

이처럼 우리 삶은 태어나 죽을 때까지 저마다 살아가는 길도 다르고 경험도 제각각이다. 그래서 젊은 시절 비슷한 조건이었던 사람들도 세월이 지나 다시 만나면 완전히 달라진 서로의 사회 · 경제적 지위에 깜짝 놀라게 된다. 예전에는 자신보다 훨씬 못했던 사람이 지금은 훨씬 우월한 위치에 있는가 하면 분명히 자신보다 공부도 잘했고 집안사정도 좋았던 친구가 형편없이 되어버린 경우도 목격하게 된다.

그렇다면 이렇게 사회에 첫발을 내딛을 때만 해도 서로 엇비슷한 조건으로 출발했던 사람들이 수십 년이 지난 후에 사회 · 경제적 지위의 차이가 생기는 이유는 무엇 때문일까? 현재 우리 사회는 내부 시스템상 비교적 경쟁의 기회가 균등하게 주어지고 경쟁조건도 공정하게 적용되는 사회다. 따라서 그 차이의 이유는 당연히 개인의 내적 요인에서 찾아야 한다.

성공한 사람과 성공하지 못한 사람을 비교할 때, 성공한 사람에게서 발견할 수 있는 가장 큰 차이점은 개인의 능력일 것이다. 하지만 성공한 사람과 비교할 때 실패한 사람들에게서 찾아볼 수 있는 공통적인 차이점은 개인의 능력 부족이 아니라 '개인의 태도'라는 것을 알 수 있다.

사람들은 개인의 능력에 따라 성인으로 출발할 때 '어디서 무엇을' 할지 선택하고, 개인의 태도에 따라 '어떻게' 살아갈지 결정한다. 오랜 기간 동안 우리 주변에서 함께 세상을 살아온 사람들의 삶의 궤적을 유심히 들여다보면 지금의 사회 · 경제적 지위의 차이는 그들이 '어디서 무엇을' 하면서 '어떻게' 살았는지에 따라 만들어진 것임을 깨닫게 된다.

며칠 동안의 짧은 일정인 여행계획을 세울 때만 해도 우리는 여행목적에 적합한 목적지를 정하기 위해 몇 날 며칠 머리를 싸매고 심사숙고한 끝에 목적지를 정한다. 그런 다음에도 어떤 경로를 거쳐 목적지로 갈 것인지, 어떤 교통수단을 이용할 것인지, 과연 날씨는 어떨지, 여행기간 동안 무엇을 할 것인지, 먹고 지낼 숙소는 어떻게 해결할지, 심지어 돌아올 때 선물은 어떤 것이 좋을지 등, 여행에 필요한 절차와 준비물을 일일이 꼼꼼하게 챙긴다.

하물며 짧은 여행도 이럴진대 성인이 되어 다시 돌아 올 수 없는 먼 곳으로 인생의 긴 여정을 떠나면서도 정작 목적지와 경로에 대해 잘 알지도 못하고 여행기간 동안 꼭 필요한 준비물이 무엇인지조차 모르고 있다면 그거야말로 말이 안 되는 일이다. 한 번도 가보지 못한 낯선 곳으로의 여행을 아무런 준비도 없이 떠난다면 그 여행이 즐거운 것은 고사하고 제대로 된 여행일 리 없음은 불을 보듯 뻔하기 때문이다.

본인이 이 책을 쓰게 된 이유도 바로 되돌아올 수 없는 인생이란 긴 여행을 떠날 때 꼭 챙겨 가야 할 준비물이 무엇인지에 대해 말하고 싶어서이다. 아울러 개인의 사회 · 경제적 지위를 결정하는 중요한 요인으로 작용하는 능력과 태도의 관계를 면밀하게 살펴봄으로써 이제 막 성인이 되어 인생이란 긴 여행을 떠나는 젊은이들에게 즐겁고 행복한 여행이 되도록 미리 목적지에 대한 정보와 필요한 준비물을 보여줌으로써 실패하지 않고 성공적인 삶을 살아갈 수 있는 길을 제시해주고 싶었다.

이 한 권의 책이 나를 포함한 많은 사람들에게 그동안 살아온 길을 되돌아보고 자신의 삶을 정리할 수 있는 계기가 되었으면 하는 바람을 품어본다.

1부

우리는 어떻게
성인이 되어가는가

01

누구나 겪게 되는 인간의 발달단계

인간이라면 누구나 태어나면서부터 노년에 이르기까지 정해진 ‘발달단계life stage’라는 것을 거치게 된다. 발달단계란 인간의 성장 단계를 하나의 연속선으로 보았을 때 그 안에서 뚜렷이 구분되는 어떤 기준에 따른 단계를 일컫는 것으로서 각 단계에 도달하기 전에는 나타나지 않았던 특정 행동이나 특성이 한 지점을 기준으로 처음 나타나게 되며, 하나의 단계는 새로운 단계로 들어서면서 끝이 나는 것을 말한다.

하지만 우리들 중 대부분은 자신이 발달단계의 어디쯤에 도달해 있으며, 발달단계별로 주어지는 과업들을 어떻게 해결해야 하는지 제대로 인식하지 못한 채 성장한다. 특히 부모의 보호에 전적으로 의존해야 하는 청소년기 이전의 발달단계는 더욱 그럴 수밖에 없다.

만약 우리가 자신의 발달단계에 대해 명확하게 인식하고 단계별로 주어진 발달과업을 완벽하게 수행해 왔다면 현재 우리의 삶은 과연 어떤 상황이 되었을까. 틀림없이 지금보다 훨씬 나은 방향으로 진행되어 가고 있을 것이다.

심리학자들은 인간의 발달development을 일반적인 성장growth과 명확히 구분하고 있다. 즉, 인간의 육체적인 부분이 자라고 퇴화하는 것을 성장이라고 본다면, 발달은 인간의 전 생애에 걸쳐 유전적·환경적 요인의 영향을 받아 신체, 심리, 행동 상에 일어나는 모든 변화를 통틀어 의미한다. 이와 같은 인간의 발달에 영향을 미치는 것으로는 유전자, 기질과 같은 생물학적 요소는 물론이고 심리학적 요소, 학습learning과 사회화socialization와 같은 환경적·문화적 요소가 있다.

인간의 발달과정에 대해 연구하고 그 단계를 구분한 많은 학자들이 있지만 그 중에서도 특히 유명한 이론으로 심리학자 에릭 H. 에릭슨Eric H. Erikson이 정리한 발달과정이론을 들 수 있다.

에릭슨은 인간의 심리사회적 발달과정을 8단계로 구분하면서 각 단계마다 개인이 연령대별로 겪게 되는 특정한 갈등 또는 위기가 존재한다고 보았다. 또한 개인의 사회적 발달은 각 발달단계의 갈등이나 위기가 적절하고 충분하게 해결되었는지에 따라 결정되는데 다음 단계의 갈등에 성공적으로 대처하기 위해서는 이전 단계의 갈등이 충분히 해결되어야만 비로소 발달이 가능하다고 했다.

그럼 이제부터 에릭슨의 이론을 바탕으로 우리 인간이 어떤 발달단계를 거쳐 성숙한 한 개체로 완성되어 가는지에 대하여 알아보도록 하자.

1단계 신뢰 대 불신 : 신뢰감을 형성하는 시기

에릭슨이 말하는 인간 발달과정의 1단계는 영아기(0~1년 6개월)다. 이 단계를 설명하는 키워드는 '신뢰trust'와 '불신mistrust'이다. 갓 태어난 아이가 가장 처음 상호작용하는 사람은 바로 자신의 엄마다. 신생아는 모유수유 과정을 통해 자연스럽게 엄마와의 상호작용이 이루어진다. 영아는 이러한 상호작용을 통해 자신이 배가 고플 때 엄마가 먹을 것을 주고 보호해주며 두려움이나 고통을 느낄 때 곁에서 언제나 위로가 되어줄 것이라는 기대감과 신뢰감을 갖는다.

아기는 또한 이 시기에 자기 자신에 대한 믿음과 통제력을 발달시키는데, 가령 엄마와 신뢰감을 형성한 아이는 엄마가 잠시 자리를 비웠다 해도 곧 엄마가 돌아올 거라는 믿음으로 불안해하거나 걱정하지 않는다. 하지만 평소 아이에게 예측할 수 없는 행동을 보여주었거나 필요할 때 곁에 있어주지 않은 부모라면 아이는 부모에 대해 강한 불신감으로 처음과는 전혀 다른 반응을 나타낸다.

이처럼 이 시기는 신뢰감과 더불어 불신감도 함께 발달하는데 불신감은 신뢰감에 비해 당연히 부정적인 속성이다. 따라서 보다 긍정적인 생각을 가지고 삶에 적응해 나가는 아이로 키우기 위해서는 특히 이 시기에 불신감 대신 신뢰감을 발달시키는 것이 무엇보다 중요한 일이다.

한편, 불신감의 경험 역시 아이의 발달에 필요한 요소이다. 에릭슨은 인간이 각 발달단계마다 긍정적인 요소와 부정적인 요소가 서로 갈등을 일으키며 성장한다고 보았다. 신뢰감을 형성하기 위해서는 적절한 수준의 불신 역시 어느 정도 경험할 필요가 있는데 바로 이 시기에 아기의 자아가 제대로 발달하려면 신뢰감과 불신감을 적절하게 경험하게 해주는 것이 필요하다는 것이다. 다시 말해 이러한 경험을 한 아기들은 미래를 긍정적이고 낙관적인 시선으로 바라볼 수 있는 성향을 발달시켜, 보다 적극적으로 외부세계를 향해 나아갈 수 있게 된다.

2단계 자율성 대 수치와 회의 : 자율성을 배우는 시기

에릭슨이 규정한 2단계는 유아기(1년 6개월~3세)다. 에릭슨은 이 단계를 자율성autonomy, 수치shame, 회의doubt라는 단어로 설명하였다. 이 시기 유아들은 배변 훈련을 시작하며 자기통제 방법을 익혀나간다. 물론 이 시기의 유아들의 행동이 배설물을 참거나 내보내는 것 중심으로 이루어지긴 하지만 그렇다고 반드시 유아들의 행동양식이 항문 부위에만 국한되어 이루어지는 것은 아니다.

이 시기에 나타나는 두드러진 신체적 변화인 걷고 말하기는 아이들로 하여금 '환경에 대한 통제'를 가능하게끔 해준다. 즉, 유아들은 환경에 대한 통제를 통해서 어떤 행동은 해야 하고, 어떤 행동은 하지 말아야 하는지 선택하는 경험을 하게 된다. 또한 유아들은 자신의 세상에 대한 통제를 나타낼 줄 아는 것과 동시에 사회적으로 적합한 행동을 통해 자기 자신을 통제하는 법을 배워나간다. 그렇다고 이 시기의 아이들이 항상 자기통제 방법을 성공적으로 배우는 것은 아니다. 사실 유아기의 아이들은 대부분은 자기통제 방법을 배우는 데 실패를 경험한다. 그리고 바로 그때 부모의 간섭과 규제를 받게 되는 것이다.

이처럼 아이들은 성공, 실패, 규제 등의 여러 과정을 겪으며 자기통제에 대한 기본적인 자신감을 갖고 동시에 자율성을 기르게 된다. 하지만 이때 부모의 규제가 너무 지나치게 되면 아이들이 자기통제에 실패함으로써 그만 자신에 대한 회의와 수치감에 빠지는 경우도 생긴다. 자율성이란 생물학적으로 성숙하는 단계에서 어떤 일을 하는 능력을 발달시킬 때 길러진다. 만일 이 단계에서 사회의 기대와 압력을 과도하게 의식하게 되면 아이는 수치와 회의감을 느끼게 된다.

3단계 주도성 대 죄의식 : 주도성을 발달시키는 시기

초기 아동기로 불리는 이 시기는 3~6세 아동들이 그 대상이다. 이 시기는 주도성initiative과 죄의식guilt이 키워드다. 이 시기 아동의 주된 관심사는 자신의 성기다. 또한 이성 부모에 대한 사랑과 동성 부모에 대한 경쟁심이 발달되는 단계이기도 하다.

에릭슨은 바로 이때 아동의 동일시identification가 이루어진다고 보았다. 동일시란 주변에 존재하는 나에게 중요한 인물의 행동을 본받고자 할 때 생기는 현상으로 아동의 경우, 초기에는 가장 접촉 빈도가 높은 부모가 그 대상이 된다. 그러다가 성장하면서 부모뿐 아니라 또래 아이들이나 다른 성인을 만나게 되면서 다양한 활동 계획과 목표를 세우기도 하고, 이 과정에서 좌절을 겪기도 한다.

에릭슨은 이 시기의 아동이 성에 대해 관심을 갖는 것은 '무엇을 만들어내려는' 행동 양식 때문으로 보았다. 따라서 아이들이 목표를 달성하기 위해 얼마나 주도적으로initiative 행동하는가가 이 시기 발달의 핵심 개념이 된다. 그래서 만일 계획과 희망을 가지고 시도한 자기주도적인 행동이 성공하지 못하면 위축이 되기도 하며 어떤 행동에는 사회적 금기가 있고 생각보다 훨씬 위험하다는 사실을 알게 되어서 죄의식으로 표현되기도 한다.

4단계 근면 대 열등감 : 근면성이 길러지고 자아가 성장하는 시기

후기 아동기인 이 시기는 6세~사춘기의 아동들이 속한다. 후기 아동기의 키워드는 근면industry과 열등감inferiority이다.

에릭슨은 이 시기의 아이들이 상대적으로 다른 시기에 비해 내적 갈등과 새로운 성취를 향해 노력하면서 겪게 되는 갈등이 덜 하다고 보았다. 이 말은 특별히 이 시기가 중요하지 않다는 것이 아니라, 사회화에 반드시 필요한 핵심적인 요소라고 할 수 있는 인지적 · 사회적 기술을 습득하는 시기로서 자아 성장에 결정적인 단계가 되는 시기라는 점이다.

실제 이 시기의 아동들은 학교에서 지적인 능력과 운동 능력을 높이는 기술을 배우기도 하며 가정이나 학교, 거리 등에서 가족과 또래 친구들과 활동하면서 다양한 유형의 사회적인 기술을 배워나간다. 아이들은 이 과정을 통해 여러 가지 다양한 과제들을 수행하며 성실성과 근면성을 발달시킨다. 또한 자기에게 주어진 과제를 잘 수행하지 못하거나 성취감을 느끼지 못하면 자신감이 저하되면서 열등감에 빠지기도 한다. 하지만 이때 갖는 열등감이 반드시 나쁜 것만은 아니어서 보다 나은 상태로 나아가기 위한 동기부여의 기회가 되기도 한다.

5단계 자아 정체감 대 역할 혼돈 : '나'를 찾으며 역할 혼돈을 극복하는 시기

청소년기는 자아정체성identity이 형성되고 역할 혼돈role confusion이 일어나는 시기다. 생물학적으로 볼 때 신체적이고 성적인 성숙이 급격하게 발달할 때이지만 결코 성인이 된 것은 아니다. 이런 과도기적 위치로 인하여 청소년들은 필연적으로 많은 혼란을 겪게 되며, 사회와 문화가 요구하는 가치에 대한 갈등으로 인해 심한 혼란을 경험하게 된다.

청소년기는 이렇게 신체적으로도 변화가 생기고 사회 문화적으로도 여러 가지 갈등 상황에 놓이게 되면서 스스로에게 끊임없이 '나는 누구인가?'라는 근본적인 질문을 던진다. 지금껏 그 어떤 때보다 '나'에 대한 많은 생각을 하는 것이다. 그러면서 내 모습에서 어떤 일관되고 연속적으로 보이는 모습을 발견하면서 통합된 자아 개념을 형성하게 되는데 이것이 바로 자아정체성이다.

또한 이 시기의 아이들은 장차 어떻게 살아야 할지와 같은 자신에 대한 다양한 가능성을 탐구하는 등 나름대로 통찰의 시간을 통해 성장을 시도한다. 물론 이 과정에서 수많은 갈등과 좌절을 겪으며 역할 혼돈을 경험하기도 하지만, 이 위기를 극복하며 '나'를 찾아가는 것이 바로 청소년기의 가장 큰 특징이라고 할 수 있다.

자아정체성이란 대체적으로 무의식적으로 만들어진다. 하지만 이 시기가 그리 자연스럽게 넘어가는 것은 아니다. 불안한 미래 때문에 걱정도 하고, 결정이 어려워 방황하기도 하며, 가족이나 친구들과의 관계에서 고민하기도 한다. 그래서 정서적으로 동요가 심한 청소년기를 일반적으로 '질풍노도의 시기'라고 부르는 것도 바로 이런 이유에서이다.

6단계 친밀감 대 고립감 : 타인과 친밀한 관계를 맺는 시기

에릭슨은 초기 성인기를 친밀감intimacy 대 고립감isolation의 단계라고 정의했다. 청소년기의 아이들은 기본적으로 '자기 자신'에게 몰두한다. 그후 청소년기를 지나면서 점차 나뿐만 아니라 타인에게도 관심을 갖기 시작한다. 초기 성인기에는 타인과 의미 있는 대인 관계를 맺고, 타인에게 성적 · 정서적 · 도덕적으로 헌신하는 능력을 의미하는 친밀감을 발달시켜 나간다. 이 시기에는 부모로부터 심리적 · 경제적으로 독립해 직업을 선택하고 배우자를 찾는 등 성인으로써 해야 할 중요한 역할들을 수행한다.

다른 모든 시기와 마찬가지로 이전 시기에 적절하게 발달단계를 거친 사람은 이후의 발달단계도 순조롭게 넘어갈 수 있다. 따라서 이 시기에 적절한 친밀감을 형성하려면 전 단계에서 제대로 자아정체성을 확립할 필요가 있다. 지나치게 자의식이 강한 사람은 원만한 대인관계를 만들기가 어렵고, 진정한 대인관계를 이루지 못한 가운데 형성된 경험은 곧 고립감의 발달로 이어진다.

물론 적절한 수준의 고립감은 건강한 발달을 위해 필요할 뿐 아니라 완전히 배제할 수도 없다. 아무리 가까운 사람끼리라 해도 온전히 나 자신이 아닌 이상 생각의 차이가 있을 수밖에 없으며 그로 인해 반목과 고립감은 필연적으로 경험하게 되는 것이다.

이처럼 친밀감과 고립감이라는 두 가지 경험을 통해 적절한 수준의 친밀감을 형성할 수만 있다면 보다 성숙된 자아로 성장해 갈 수 있다. 사람들은 그것을 보통 '사랑'의 형태로 많이 경험하게 되는데 실제로 초기 성인기에 대체로 사랑하는 사람과 결혼하거나, 사회적으로 안정된 관계를 맺는다.

7단계 생산성 대 자기 침체 : 다음 세대를 생산하는 시기

중기 성인기는 생산성generativity과 자기 침체stagnation의 단계다. 이 시기에 들어선 성인이 해야 할 중요한 발달과업은 다음 세대를 낳고 교육하는 역할이다. 또한 자신이 하는 일에서 직업적인 성취를 얻고 업적을 쌓기 위해 노력한다.

중기 성인기에 이르면 친밀감을 형성한 부부가 자식을 낳아 다음 세대를 '생산'하고 교육을 통해 가치를 전수하는 단계에 진입한다. 에릭슨이 말한 생산성이라 단순히 '자녀를 낳고 기르는 것'이기도 하지만 좀더 넓게 보면 '다음 세대에게 자신의 능력이나 가치를 전수하는 모든 활동'을 의미한다. 예를 들어 물건을 만든다든지, 지식을 전파한다든지 하는 행위 역시 생산성 있는 활동이라 할 수 있다.

다음 세대를 낳고 기르고 교육하려면 당연히 자신의 욕구를 포기해야 하는 희생이 전제된다. 이 시기의 성인들은 자식 세대를 위한 돌봄care 활동을 통해 삶의 생산성을 높인다. 이 과업을 제대로 수행하지 못할 경우 과도하게 자기에게 몰두하거나, 공허함이나 지루함 같은 자기 침체 현상을 겪을 수 있다. 이 단계에서는 발달이 개인의 차원을 뛰어넘는 것으로서 세대와 세대를 잇는, 사회적 연속성을 추구하는 일과 깊은 연관성을 갖는다.

8단계 자아통합 대 절망 : 전 생애를 돌아보고 가치와 의미를 찾는 시기

에릭슨이 정의한 발달 단계의 마지막은 후기 성인기다. 자아통합integrity과 절망despair을 키워드로 설명할 수 있는 이 시기를 우리는 일반적으로 노년기라 부른다. 사람들은 보통 노년기를 부정적이고 움직임이 없는 시기로 규정한다. 실제로 노년기는 육체적으로도 약

여기서 잠깐

발달과업

발달과업(發達課業, development tasks)이란 인간발달과정에서 인간이 환경에 적응하기 위하여 각 발달단계에서 반드시 성취해야 할 일들을 뜻한다. 해비거스트(Havighurst)는 개인이 어떤 단계에서 발달과업을 잘 성취하면 행복하게 되고 다음 단계의 과업을 원만히 수행할 기초를 마련하나, 그렇지 못하면 불행해질 뿐만 아니라 앞으로 해야 할 과업 수행에 곤란을 겪게 된다고 했다.

자료 출처: 네이버 지식백과, 교육심리학용어사전

해지고, 직장에서도 은퇴하고, 친한 친구나 배우자들의 죽음을 경험하면서 공허함과 무력감에 빠지기 쉽다.

에릭슨은 비록 이 시기에 여러 가지 내적인 갈등이 존재할 수 있지만, 자신의 삶에 대한 긍정적인 평가와 부정적인 평가를 적절히 통합하면서 그 안에서 의미를 찾을 수 있다고 하였다.

이 시기에 자신의 인생을 혐오하거나, 죽음을 두려워하여 자기의 생애에 대해 부정적 평가만을 하게 된다면 절망감에 빠져 인생의 마지막 시기를 매우 불행하게 보낼 수도 있다. 하지만 그럴 때일수록 중요한 것은 자신의 한계를 인정하고, 그 안에서 나름대로의 가치와 의미를 찾아야 한다는 것이다. 그리하여 자신이 과거부터 지금까지 계속 일관성을 지닌 존재라는 점을 받아들이고 진정한 의미의 통합감integrity을 느낄 수 있어야 한다.

지금까지 에릭슨이 제시한 인간발달 단계론을 통해 각 개인은 모두 일련의 심리사회적 단계를 통과하면서 각 단계별 특정한 갈등이나 위기를 겪는다는 것을 알게 되었다. 에릭슨이 말한 8가지 발달단계를 성공적으로 통과하려면 특정 단계에서 있을 수 있는 필연적인 갈등이나 위기를 적절하게 해결해 나가야 한다. 각 단계별로 겪게 될 위기들을 내가 잘 해결했는지 여부에 따라 한 개인의 삶은 확연히 달라질 수 있다.

인간은 자신의 의지로 세상에 태어나지 않는다. 또한 청소년기 이전의 모습은 부모에 의해 만들어진다고 해도 과언이 아니다. 하지만 청소년기를 거쳐 성인이 되기까지 자신의 정체성을 확립하는 과정에서 부모에 의해 만들어진 모습에서 조금씩 벗어나 성인이 된 이후에는 자신의 모습에 대해 스스로 책임질 수 있어야 한다.

읽·을·거·리

에릭 H. 에릭슨의『유년기와 사회』

이 책은 에릭 H. 에릭슨의 대표작이자 '인간발달 8단계'와 '정체성 위기' 개념을 정립하며 유년기의 사회적 의미를 다룬 발달심리학의 고전이다. 에릭슨은 태어나서 죽음에 이르기까지 인간은 끊임없이 자아를 완성하기 위한 길을 걷고 있다고 생각했다. 그리고 그렇게 성장하면서 인간은 정체성 위기를 겪으며 혼란과 불안을 경험한다고 했다. 에릭슨은 인간의 심리사회적 발달이 어릴 때에 한정되는 것이 아니라 전 생애에 걸쳐 일어난다고 보았다. 에릭슨의 연구는 임상적 정신분석은 물론이고 문화인류학적인 접근법, 역사적 자료 연구까지 결합된 것으로, 책에는 그가 임상을 통해 만난 사람들의 이야기는 물론 미국 인디언 부족에 대한 현장 연구, 히틀러나 고리키 같은 역사적인 인물에 대한 이야기까지 다양하고 풍부한 사례가 제시되어 있다. 인간발달에 대해 관심을 가진 사람들이라면 반드시 읽어야 하는 책이다.

02

성인이 되기 전 부모의 영향

우리는 앞서 인간의 발달단계에서 청소년기 이전의 자신의 모습은 부모에 의해 만들어졌다는 것을 알 수 있었다. 아이들은 청소년기가 되면 새가 알을 깨고 세상 밖으로 나오듯이 부모가 만들어 놓은 껍질을 깨고 나와 자신의 정체성을 확립함으로써 비로소 성인이 된다. 성인이 된 현재의 모습을 확인하기 위해서는 아이들의 타고난 기질과 아이들이 어떻게 부모에 의해 사회화되었는지 살펴볼 필요가 있다.

아이들의 기본적인 생존은 타인과 의미 있는 관계를 만들어가는 것, 즉 사회화socialization에 달려 있다. 사회화란 '한 인간이 사회적인 존재로 변화하는 과정'을 말하며 개인의 행동방식, 가치, 태도, 동기 등이 특정한 사회에서 바람직하다고 간주되는 것들에 동조하도록 형성되어 가는 과정을 의미한다.

가정은 아이들의 사회화를 1차적으로 책임지는 가장 영향력 있는 집단이다. 가족은 다른 사람들과 관계 맺는 법을 가장 먼저 가르친다. 그래서 가정 안에서 배운 것들은 평생 타인과 관계를 맺을 때 나만의 방식의 토대가 된다. 사회화는 평생 이루어지는 과정이지만, 특히 어린 시절에 이루어지는 사회화는 더욱 중요하다.

태어나서 성인이 되기까지의 발달과정에서 아동이 성취해야 할 신뢰감, 자율성, 주도성, 자신감 등은 아이의 타고난 기질과 애착관계 그리고 부모의 양육방식에 따라 크게 영향을 받는다. 또한 아이가 부모와 관계를 통하여 사회화가 이루어지는 동안 겪게 되는 모든 경험은 개인의 성격과 태도를 형성하는 데 결정적 요인일 뿐 아니라 성인이 된 이후에까지 사회성 발달에 중대한 영향을 미친다.

기질

영아의 사회화 과정은 처음부터 각자 동일 선상에서 시작되지 않는다. 아이들은 저마다 자신의 생물학적 특성에 기초한 차이를 전제하고 인생을 시작하는데 우리는 보통 이것을 기질이라고 부른다. 즉, 아이들은 타고난 기질temperament에 의해 주어진 환경에 정서적 혹은 행동적으로 다른 반응을 나타낸다. 어떤 아기들은 '수줍게 태어나고' 또 어떤 아기들은 '대담하게 태어나기도' 한다. 따라서 각자

물리적 자극과 사회적 자극에 대한 민감성에서도 차이가 날 수밖에 없다. '수줍게 태어난' 아기는 낯선 사람이나 상황을 만났을 때 조심스럽고 경계하는 태도를 보이지만 '대담하게 태어난' 아기는 낯가림도 없고 공포도 크게 느끼지 않는 반응을 나타낸다.

이러한 반응의 차이를 보이는 기질은 연구자에 따라 유전적 요인에서 비롯된 것으로 보는 경우도 있고, 다른 입장에서는 유전적 요인을 기반으로 환경적 요소 간의 상호작용을 통하여 표현된다고도 한다. 따라서 타고난 기질은 상당히 안정적으로 이후 아동의 발달 과정에 영향을 미치는 중요한 요인이다.

애착

아이가 태어나 처음으로 정서적 관계를 갖는 사람은 가장 가까운 거리에서 아이를 양육하는 부모이거나 정기적으로 아이를 돌보는 사람이다. 아이는 이들을 통해서 사회성을 발달시키며 자신을 돌봐주는 가장 가까운 사람에게 강한 감정적 유대를 형성하게 된다. 이러한 강력하고 지속적인 사회, 정서적 관계를 심리학에서는 애착attachment이라고 부른다.

영국의 정신분석학자인 존 볼비John M. Bowlby에 의하면 애착 행동이란 생애 초기에 형성되어 내적 작동 모델을 통해 성인에 이르기까지 전 생애에 걸쳐 한 개인의 대인관계에 영향을 준다. 내적 작동 모델이란 아이가 부모 등 가까운 사람과 상호작용을 통해 이루어지는 반복적인 유형의 행동 패턴들을 기초로 나와 타인에 대한 일련의 관계 모델을 설정하는 것을 말하는데, 한마디로 "아이와 양육자 간의 상호작용의 역사를 모두 집합시켜 주는 기억구조"라고 할 수 있다. 아이는 바로 이 상호작용에 의해 특정 패턴의 애착이 형성되며, 이 내적 작동 구조는 아동의 사회적 발달에 지대한 영향을 미친다.

이러한 애착에 대한 평가를 위해 특별히 개발된 연구가 바로 '낯선 상황 검사'이다. 이 검사는 먼저 아이를 엄마와 함께 친숙하지 않은 방에서 놀게 한다. 엄마는 아이와 함께 방을 돌아다니며 아이가 노는 것을 지켜본다. 그런 다음 얼마 후 낯선 사람이 들어와 아이가 보는 앞에서 엄마와 이야기를 나누다가 자연스럽게 아이에게 접근한다. 그리고 엄마는 방을 나가버린다. 잠시 뒤 엄마가 돌아오자 아이는 엄마와 재회한다. 그리고 다시 낯선 사람은 자리를 뜨는 것으로 상황은 마무리된다.

'낯선 상황 검사'는 바로 이러한 상황에서 엄마와 분리되었을 때와 재회했을 때의 아이의 행동을 관찰하여 그 반응을 살피는 실험으로 결과는 다음과 같은 세 가지 반응으로 정리된다.

- **안전 애착 아동 :** 이 유형의 아이들은 부모가 방을 떠났을 때 약간 스트레스를 받는다. 하지만, 엄마가 다시 돌아오자 다가가 기뻐하며 엄마와 접촉을 한 후 곧바로 하던 놀이로 돌아간다.

• **회피 애착 아동** : 이 유형의 아이는 상황에 무관심한 것처럼 보이고 엄마가 돌아왔을 때도 적극적으로 회피하고 무시하는 반응을 보인다.

• **저항 애착 아동** : 이 유형의 아이들은 부모가 방을 떠나면 화를 내며 몹시 불안해한다. 그리고 엄마를 다시 만났을 때 편안해지는 것이 아니라 오히려 짜증과 화를 내며 더 큰 불만을 표시한다. 그러면서도 동시에 엄마에게 다가와 접촉하려는 욕구를 드러낸다.

'낯선 상황 검사'는 미국 중산층에서 태어난 아기들을 대상으로 실시되었는데, 검사 결과 이 중 약 70%는 안전 애착, 20%는 회피 애착, 10%는 저항 애착으로 분류되었다.

사실 애착 관계는 그 질이 중요하여 아동의 후기 행동뿐만 아니라 성인기의 애정 관계에도 결정적인 영향을 미친다. '안전 애착'이 형성된 아이는 친사회적 행동을 배우고 실천할 수 있으며 무엇보다 위험 상황이 닥쳐도 견뎌낼 수 있으며, 낯선 상황에 처했을 때도 두려워하지 않고 기꺼이 모험정신을 발휘하기도 한다. 뿐만 아니라 대인관계에서도 친밀함을 스스럼없이 표현하고 수용할 수 있다. 이와 같이 아동기에 겪게 되는 애착 경험은 아이에게 깊이 각인되어 성장과정 내내 성격과 태도를 규정짓는 데 결정적 영향을 준다.

여기서 잠깐

각인

오스트리아의 학자 콘래드 로렌츠(Konrad Lorenz)는 인공부화에 의해 갓 태어난 오리가 처음 본 사람을 마치 자기의 어미인 줄 알고 졸졸 따라다니는 것을 목격했다. 그는 이것에 착안하여 사람이 태어난 직후에 보여주는 본능적인 행동을 '각인(imprinting)'이라 불렀다. 각인은 동물의 일생 중에서 주로 성장 초기에만 나타나는 행동으로 각인을 통해 갓 태어난 새끼는 어미와 매우 끈끈한 관계를 형성하게 되며, 이 관계는 끊어지지 않고 계속 유지된다. 각인 효과는 새에게 특히 많이 나타난다고 알려져 있으며, 최근에는 포유류나 어류, 곤충에게도 각인 효과가 있다는 사실이 입증되고 있다.

자료 출처: 네이버 지식백과, 시사상식사전

부모의 양육 태도

일반적으로 부모를 보면 그 아이를 알 수 있다. 그만큼 부모가 아이를 기르는 태도만 봐도 그 아이가 장차 어떻게 성장할 것인지 대충 파악이 된다는 말이다. 대부분 아이들은 부모와 상호작용 속에서 자신이 지닌 기질을 드러낸다. 이때 아이들의 기질과 부모의 행동은 애착 관계의 질과 같은 발달적 결과를 이끌어내는 데 서로 커다란 영향을 미친다. 애정을 주는 성인과의 밀접한 상호작용 관계는 아이의 정상적인 사회화를 가능하게 하는 첫걸음이기도 하다.

따라서 부모의 양육 태도와 자녀의 성장 형태는 떼려야 뗄 수 없는 관계다. 부모의 양육 태도는 부모의 성격이나 그들이 삶 속에서 추구하는 가치, 생활여건 등에 따라 정해지지만 대부분의 부모들은 막상 자녀를 양육할 때 자신이 어떤 유형의 부모인지, 어떻게 자식을 키우고 있는지 인식하지 못한다. 이제부터 여러 유형의 부모들을 통해 올바른 자녀양육 모델에 대해 살펴보도록 하자.

권위적 양육 유형

이 유형의 부모들은 애정과 인내심을 가지고 자녀들과 원활하게 의사소통할 수 있는 유형이다. 또한 자녀의 자율성을 인정하면서 아이들이 기본적으로 지켜야 할 규칙에 대해 논리적으로 설득하며 전달하고자 한다. 이러한 부모의 양육 태도는 자녀로 하여금 높은 자존감을 심어주며 사회성과 도덕성을 발달시키며 학업성취도를 높여준다.

일반적으로 유태인의 부모들이 권위적 양육 유형에 속하는 대표적인 경우다. 유태인 교육의 가장 큰 특성은 아이들이 좋아하는 것을 발견하고 그것을 격려해주고 더 잘할 수 있도록 뒷받침해주는 것으로 정평이 나있다. 아이들과 끈기 있게 대화하고 아이들의 행동과 태도를 주의 깊게 살피면서 아이들이 원하는 것을 자율적으로 할 수 있도록 이끌어준다. 또한 유태인의 교육방식은 일방적 주입식 교육이 아닌 왜 그것을 해야 하는지 구체적으로 설명하고, 아이들이 이해하지 못하거나 논리적으로 맞지 않은 이야기는 하지 않는다. 그래서 아이들의 행동에 간섭하기보다 일단 관찰하는 쪽을 먼저 택한다.

4살 때까지 말을 제대로 못해 저능아 소리까지 들었던 아인슈타인이 세계적인 물리학자가 될 수 있었던 것도 어머니의 이러한 양육 자세에서 기인한 바가 컸다.

세계적인 피겨 스케이트 선수 김연아의 어머니 박미희 씨도 『아이의 재능에 꿈의 날개를 달아라』라는 책에서 "부모 자신이 만든 잣대로 아이를 바라볼 것이 아니라, 있는 그대로 아이를 관찰해야 한다. 그러다 보면 아이가 말을 해준다. 하고 싶은 것, 잘 할 수 있는 것, 훌륭하게 해낼 수 있는 것에 대해서"라고 말했다.

권위적 양육 유형의 부모들의 가장 큰 특징은 아이들과 효율적으로 의사소통을 하며 그것의 기본은 바로 '아이가 말해주는 것'을 인내심을 가지고 들어주고, 그에 따라 적절하게 반응해준다는 것이다.

권위주의적(독재적) 양육 유형

이 유형의 부모는 권위를 앞세워 부모가 원하는 일과 기준을 강요하거나 순종할 것을 요구한다. 권위주의적 양육 유형의 부모는 자녀에게 현재의 상황에 대해 조리 있게 설명해주거나 대화를 유도하지 않는다. 따라서 아이들은 자신의 생각을 부모가 제대로 들어주지 않는다고 생각하기 때문에 점점 대화를 회피하게 되고, 부모 역시 자녀와 의사소통하는 것이 점점 더 어려워진다. 극단적인 경우, 아이들이 자신의 의도대로 따라오지 않는다고 폭력을 가하기도 한다. 이런 분위기는 아이들이 사람들을 사귀는 데 어려움을 느끼게 만들고 당연히 아이의 사회성 발달에 악영향을 초래한다.

그런 점에서 권위주의적인 부모 밑에서 자란 아이가 비만아가 될 가능성이 높다는 캐나다 맥길 대학 연구진의 연구 결과는 주목할 필요가 있다(메디컬뉴스투데이, 2014년 3월 20일). 엄격한 규율을 무조건 지키도록 강요하는 부모 밑에서 자란 아이들과, 규율을 요구하되 대화를 통해 자녀에게 합리적인 이유를 설명하고 자녀의 상황을 배려하는 부모 밑에서 큰 아이들을 비교했더니, 권위주의적인 부모 밑에서 자란 아이들이 2~5세 때 비만아 될 가능성이 30%나 높게 나타난 것이다. 6~11세가 되면 이러한 가능성이 37%로 더욱 높아지는 경향을 보였다고 한다. 이것은 아이들의 사회적 · 경제적 배경과는 무관하게 나타났다.

허용적 양육 유형

허용적 양육 유형의 부모들은 겉으로 보기에 굉장히 관대하고 애정으로 자녀를 대하는 것 같지만 정작 자녀들에 대한 요구도 없고 잘못된 행동을 해도 제대로 된 통제나 규칙을 제시하지 못한다. 이러한 대표적인 예가 식당이나 대중교통 등 공공장소에서 주위를 소란하게 하고 지저분하게 만드는 아이를 그냥 방치하는 부모들이다. 이렇게 자녀들의 태도에 대해 일관성 없이 대하는 부모 밑에서 큰 아이는 비록 자신감은 충만할지 몰라도 지켜야 할 규칙을 쉽게 무시하는 경향을 보인다. 그래서 자기 멋대로 행동하며 문제아가 될 가능성이 높으며, 의외로 학업성취도도 낮다.

『우리 아빠가 달라졌어요』의 저자 이보연은 '딸바보'라 불리는 무조건적으로 자식들의 말을 들어주는 허용적인 아버지가 좋은 것만은 아니라고 지적한다. 오히려 허용적인 아빠가 대표적인 문제 아빠가 될 수 있다고 했다. 부모의 권위가 제대로 서있지 않은 분위기에서 자란 아이일수록 의존적이면서도 버릇없는 행동을 하기 쉽기 때문이다. 특히 이보연은 "부성은 자르는 특성, 즉 단호함과 절제, 적당한 긴장과 경쟁을 바탕으로 한다. 이런 부성의 특성은 3~8세 아이들의 발달에 필수적이다. 특히 남자아이들이 성인이 될 때까지 매우 큰 영향을 미친다"고 강조하였다.

부모들은 '허용적 양육 유형'의 부모가 되지 않기 위해 자신이 현재 어떻게 아이를 대하고 있는지 객관적으로 돌아볼 필요가 있다.

무관심한 양육 유형

무관심한 양육 유형의 부모는 말 그대로 자녀에 대해 애정도 없고 대화도 없으며 자녀에게 매우 냉담한 모습을 보인다. 아이들이 어떻게 생활하고 교육받고 있는지 관심이 없으며 통제도 하지 않는다. 이렇게 부모의 애정과 관심을 받고 자라지 못한 아이는 자존감이 매우 낮아 독립심과 자기 통제력이 부족한 경우가 많다. 심한 경우 정서적으로 장애가 있거나, 심각한 문제 행동을 일으킬 수도 있다.

자녀를 무책임하게 방치하는 유형의 부모는 심한 경우 폭력에 버금가는 행위를 할 수도 있다. 실제로 자녀폭력에는 물리적으로 아이의 몸에 무력을 행하는 신체적 폭력, 위협이나 욕설, 악담 등을 포함하는 정서적 폭력, 그리고 식사를 챙기지 않거나 병원에 데리고 가지 않는 방임 행위 모두 포함된다.

부모나 돌보는 이가 장시간 보살피지 않고 방치하는 '나홀로 아동'의 수가 전체 아동의 30% 가량인 100만 명에 달한다는 보도도 있다(문화일보, 2014년 10월 7일). 무관심한 양육 유형의 극단적인 사례라 할 수 있는 '방임'도 분명히 아동 학대라는 사실을 명심해야 한다. 전문가들은 선진국에서는 12세 미만 아동을 홀로 등교시키는 것조차 방임으로 분류한다며 특히 유아기에 겪게 되는 방임은 아동 발달에 매우 큰 영향을 미친다고 강조한다.

부모들은 가끔 자식이 잘못된 행동을 할 경우 "도대체 누구를 닮아서 저러는지 모르겠다"고 말하곤 한다. 하지만 자식은 부모를 닮기 마련이다. 자식은 자라면서 가장 가깝게 상호작용을 하는 부모의 행동을 그대로 보고 배우며 따라 한다. 아이들은 부모에 의해 부모의 가치관에 따라 길러진다. 아이 스스로가 어떤 특정한 교육 스타일을 선택하는 게 아니며 그럴 수도 없다. 결국 올바른 부모의 역할은 자녀가 갖고 있는 장점, 아직 발현되지 못한 좋은 점들을 끄집어내고 꽃피울 수 있도록 도와주는 것이다. 그래서 자녀가 스스로 험난한 세상을 헤쳐 나가며 살아갈 수 있도록 능력을 키워줘야 한다. 부모는 성인이 되기 전 형성된 자녀의 성격과 태도가 성인이 되어 달성해야 할 '발달과업'의 성과에 큰 영향을 미치게 된다는 점을 명심해야 한다.

여기서 잠깐

꽃으로도 때리지 말라

가끔 자녀들의 교육을 위해 매를 드는 부모들이 있다. 하지만 어떠한 체벌도 훈육의 수단이 되어서는 안 된다. 탤런트 김혜자 씨는 자신이 쓴 『꽃으로도 때리지 말라』라는 책에서 아이들은 작은 변화와 충격에도 큰 상처를 입을 정도로 나약한 존재라는 것을 강조하였다. '사랑의 매'는 체벌자의 입장에서 만들어진 말일 뿐, 매를 맞는 입장에서는 복종을 강요하는 수단에 불과하며 체벌은 특히 아동들의 정상적인 발달을 저해할 수 있다는 점을 명심해야 한다.

03

성인이 되면 해야 할 일들

인간은 영유아기, 아동기, 사춘기, 청소년기를 거쳐 비로소 성인이 된다. 특별히 성인이 되는 시기가 정해져 있는 것은 아니다. 하지만 문화적 · 사회적 관습에 따라, 또는 남녀 성별에 따라 성인이 되는 시기는 약간의 차이가 있긴 하지만 대체로 육체적인 성장이 끝나고 자아정체성이 확립되는 16~22세 정도를 성인으로 인정한다. 우리나라의 경우 민법상 성인의 나이는 2013년 7월 1일부터 만 20세에서 19세로 하향 조정되었다.

그런가 하면 문화에 따라 성인이 되기 위해 성인식이라는 통과의례를 거쳐야 하는 나라도 있다. 남태평양의 펜타코스트 섬에 사는 원주민은 성인식을 할 때 포도넝쿨이나 칡뿌리를 발목에 묶고 30미터 높이의 탑에서 뛰어내린다. 성인이라면 반드시 갖추고 있어야 할 체력과 담력을 시험하기 위해서다. 이처럼 통과의례의 의미는 이제부터 부모나 타인의 간섭을 받지 않고 스스로의 의지에 따라 성인만이 누릴 수 있는 자유를 누릴 수 있다는 뜻이며 동시에 스스로 그렇게 획득한 자유에 대한 책임을 져야 한다는 의미를 갖는다.

대부분의 사람들은 태어나면 전적으로 부모의 보호 아래 유아기와 아동기를 보낸다. 그리고 청소년기에 학교와 가정에서 단계별 교육을 받으면서 기본적으로 알아야 할 사회적 · 지적 기술을 습득하여 사회에 나와 자신에게 맞는 직업을 선택한다. 또한 부모로부터 독립해 배우자를 맞이하고 가정을 이루면서 비로소 부모 세대를 잇는 다음 세대의 주역이 되어 진정한 성인으로 성장해 간다.

이렇게 성인이 되고 나면 성인으로서 반드시 '해야 할 일'이 있다. '성인 발달'이라는 주제에 대해 72년간 종단연구longitudinal study (같은 주제에 대해서 시간 경과에 따른 변화를 연구하기 위해 반복된 관찰을 포함하는 상관관계 연구)를 실시한 것으로 유명한 하버드 대학교의 조지 베일런트 교수는 '발달과업'이라는 용어를 사용해 다음과 같은 성인이 이루어야 할 6가지의 연속적 발달과업을 제시하고 있다.

'정체성'을 확립해야 한다

부모로부터 정신적으로 독립한 존재가 되기 위해서는 무엇보다 자신의 정체성 확립이 반드시 필요하다. 정체성을 확립한다는 것은 부모로부터 독립적인 자기만의 생각, 정치적 견해, 열정, 취향 등을 갖는 것을 의미하며 가족 중심의 가치에서 벗어나 자신만의 가치를 세우는 것이다.

나이가 들어서까지도 자기 정체성을 제대로 확립하지 못한 사람은 가정으로부터도 독립하지 못하고, 일을 통한 성취감도 맛보지 못한 사람이라고 할 수 있다. 뿐만 아니라 안정적인 친구관계를 계속 유지하는 데에도 어려움을 겪는다.

'친밀감'을 발전시킨다

성인이라면 자기중심주의를 극복하고 타인들과의 상호관계를 통해 동료들과 어울릴 수 있어야 하며 타인의 입장에서 생각하는 법을 기르는 등 친밀감을 발전시키는 데 힘써야 한다. 친밀감은 자신만의 세계에서 벗어나 타인에게까지 관심을 확대시킴으로써 성취할 수 있는 감정으로 남자들의 경우 대부분 아내와의 관계를 통해 친밀감을 경험하게 된다.

'직업적인 안정'을 이룬다

성인은 직업적인 안정을 이루어야 한다. 직업의 안정은 사회뿐 아니라 스스로에게도 가치 있는 일을 가능하게 해주는 역할을 한다. 이 과업을 이루려면 개인의 자아정체성을 확립하는 것은 물론이고 일의 세계에서도 사회적 정체성을 확립해야 한다. 만약 사막 한가운데 홀로 살아가는 사람이 있다면 그는 취미는 가질 수 있어도 직업은 결코 가질 수 없다. 직업이란 사회구성원으로서 자신에게 맞는 위치와 역할을 찾아야 하는, 타인과의 관계를 전제로 성립되는 것이기 때문이다.

'생산성'을 추구해야 한다

이 과업은 다음 세대를 생산하고 배려하는 일과 관련되어 있다. 생산성은 다음 세대를 헌신적으로 가르치고 이끌 수 있는 능력을 갖추었을 때 성취할 수 있는 과업이다. 생산성은 자기보다 나이가 어린 사람들을 보살피면서 동시에 다른 사람의 자율성을 존중하고 상호관계를 맺을 수 있는 능력을 기반으로 성취된다.

생산성은 공동체 형성을 의미하며, 사회 각 분야에서 젊은 성인들을 상담하고 지도하는 과정에서 성취할 수 있다. 사람들은 대개 30~45세 정도 나이가 되면 개인적인 성취욕구가 낮아지는 대신 사회적 활동영역을 확대하여 공동체나 인간관계를 위한 욕구가 커지는 경향이 있다.

‘의미의 수호자’가 된다

성인은 다음 세대에게 과거의 전통을 물려주면서 과거와 미래를 연결해주는 ‘의미의 수호자’로서 역할을 해야 한다. 의미의 수호자가 되려면 반드시 생산성의 과업을 먼저 성취해야 한다. 앞서 말한 생산성이 어느 특정한 사람을 돌보는 데 한정되는 개념이라면, 의미의 수호자로서의 역할은 특별한 대상을 가리지 않으며 내 아이의 성장보다는 오히려 인류의 문화와 제도를 보호하는 데 초점을 둔다. 의미의 수호자는 과거의 문화적 성과를 대변하고 전통을 보존하는 방향으로 단체나 조직, 모임을 이끈다.

‘통합’을 추구한다

마지막으로 성인은 ‘통합’이라는 과업을 완성하면서 개인의 삶은 물론이고 평화롭고 조화로운 세상을 추구해야 한다. 에릭슨은 통합을 “세상의 이치와 영적 통찰에 도달하는 경험”이라 정의했다. 제아무리 값비싼 대가를 치르더라도 이 세상에 ‘나’라는 존재는 하나뿐이며 한 번 태어나 한 번 죽는다는 사실을 있는 그대로 겸허하게 받아들이는 것이 통합이며, 그 통합의 미덕에 바로 지혜가 존재한다.

그래서 나이를 먹은 사람들이 죽음의 순간이 다가오거나 위기의

성인은 '통합'이라는 과업을 완성하면서 개인의 삶은 물론이고
평화롭고 조화로운 세상을 추구해야 한다.

순간이 찾아올 때도 의연하게 그 상황을 받아들이거나 초연하게 대처할 수 있는 것이다. 통합은 인생의 마지막 나날들을 잘 마무리하기 위해 꼭 필요한 과업이다.

이처럼 조지 베일런트 교수가 정리한 6가지 성인의 발달과업은 이제 막 성인이 된 16~22세의 사람 누구나가 평생 동안 이루어내야 할 일들이다. 하지만 이제 갓 성인이 된 사람들이 이 발달과업의 의미를 충분히 이해하고 실천하기란 결코 쉽지 않다. 그러나 이 6가지 발달과업을 통해 앞으로 다가올 미래를 어렴풋이나마 예측해 볼 수 있다면 자신의 미래를 설계하고 준비하는 데 작은 힌트나마 얻을 수 있지 않을까 생각된다.

이제 막 성인이 된 젊은이들이 가지고 있는 자산은 부모로부터 물려받은 신체적 · 심리적 특성과 교육을 통해 배운 사회적 기술이 전부이며 이 자산들의 수준은 개인마다 매우 다르다. 개인 간에 존재하는 자산의 차이는 성인이 된 후 그들이 부딪치게 될 시련과 역경에 어떻게 대처할지를 결정하는 중요한 요인으로서 발달과업의 성취에 지속적인 영향을 미치게 될 것이다.

하지만 부모로부터 물려받은 이러한 자산의 차이에서 벗어나 자신의 정체성을 확립해 나가는 것이야말로 진정한 성인이 되기 위한 새로운 출발점이라고 할 수 있을 것이다.

읽·을·거·리

조지 베일런트의 『행복의 조건-하버드 대학교 · 인간성장보고서, 그들은 어떻게 오래도록 행복했을까?』

이 책의 원제는 'Aging Well', 즉 '잘 늙어가는 것'이다. 이 책의 저자는 '하버드 대학교 성인발달연구'의 책임자인 조지 베일런트 교수다. 그는 '행복하고 건강한 삶에도 법칙이 있을까?'라는 질문에 대한 해답을 찾기 위해 연구팀과 함께 1930년대 말에 하버드 대학교에 입학한 2학년생 268명의 삶을 72년간 추적하는 연구를 실시했다. 조지 베일런트 교수가 던진 질문에 대한 답은 '행복은 사람의 힘으로 통제할 수 있는 행복의 조건 7가지를 50대 이전에 얼마나 갖출 수 있느냐에 달려 있다'라는 것이다. 그리고 '삶에서 가장 중요한 것은 인간관계이며, 행복은 결국 사랑이다'라는 것이다. 이 책은 하버드 연구팀의 연구 자료를 통해 총 814명에 이르는 사람들의 수십 년 생애를 따라가며 행복의 조건을 찾고 있다. 그리고 독자들에게 그 사람들의 일생을 통해 얻게 된 교훈을 자신의 삶에 적용하라고 권하고 있다.

2부

성인으로의 출발

01

진정한
홀로서기

인간은 자신의 부모를 선택할 수 없을 뿐 아니라 태어나는 순간부터 부모에 의해 양육되어진다. 그래서 특별한 경우가 아니라면 대개 성인이 되기 전 부모로부터 물려받은 능력과 자산을 기반으로 성장하고 사회생활을 시작한다. 그 후 성인이 되면 비로소 자신만의 생각과 판단에 의해 삶을 영위해 나가게 된다.

그러므로 대부분의 사람들은 성인이 되기 전, 부모나 교사로부터 교육을 받으며 장차 사회에 나갈 준비를 하게 되며 일정 기간이 지나면 직업을 선택해야 하는 시기를 맞는다. 이때 자신의 능력 부족으로 원하는 직업을 선택할 수 없는 이들은 종종 그 원인을 부모와 생활여건 탓으로 돌리면서 주변 상황을 원망하기도 하고 그로 인해 품고 있었던 이상을 버리고 자포자기하기도 한다.

종종 이들은 자신의 부모와 다른 부모들을 비교하면서 부족한 자기 부모의 능력을 원망하는 어리석음을 범하기도 한다. 하지만 이들이 자신의 환경을 탓하기 이전에 분명히 깨달아야 할 것은 바로 그들의 부모 역시 부모로부터 물려받은 능력을 밑천 삼아 삶을 시작했으며 자신이 받은 능력보다 더 많은 것을 자식에게 물려주기 위해 최선을 다하며 살아왔다는 사실이다.

진정한 성인으로 홀로서기 한다는 것은 이처럼 부모로부터 물려받은 능력 혹은 유무형의 자산으로부터의 과감한 결별에서부터 시작된다고 할 수 있다. 비록 다른 부모에 비해 부족하더라도 자신의 부모가 물려준 것에 대해 감사하고, 이제부터는 오로지 스스로의 노력으로 주어진 능력 차이를 극복하면서 자신에게 주어진 발달과업을 완수해 나갈 때, 비로소 나 자신은 진정한 성인으로 성장해 나갈 수 있는 것이다.

자식 곁을 떠나지 못하는 부모들

세상의 모든 부모들은 자식이 성인이 되어 독립할 때까지 부양할 의무를 갖는다. 다소 문화적 차이가 있긴 하지만 심지어 자식이 신체적 · 정신적으로 이미 성인이 된 이후에도 경제적으로 독립할 때까지 부모가 부양을 하기도 한다.

최근에는 자식이 성인이 된 이후에도 자식 곁을 떠나지 못하는 부모들이 점점 늘고 있다. 대학에 다니는 자식을 위해 대리출석을 해주는 '헬리콥터 맘'이 있나 하면, 성인이 되었지만 경제적 · 심리적으로 진정한 독립을 하지 못하여 마치 어미의 배주머니에서 나오지 못하는 캥거루 같다고 하여 붙여진 '캥거루족'까지 등장하였다.

이렇듯 자식 곁을 떠나지 못하는 부모나 부모 곁을 떠나지 못하는 자식 모두 부모의 과도한 자식 사랑과 집착에서 비롯된 비정상적인 모습들이다.

역시 최근에는 맞벌이하는 젊은 부부들이 늘어나면서 부모들은 이제 자식뿐 아니라 손자의 양육까지 떠맡는 일도 늘어나고 있다. 자녀의 결혼과 주택비용은 두말할 것도 없고 이제는 손자의 교육비까지 지원해야 하는 상황인 것이다. 부모가 노년이 되어서까지 자식을 건사해야 하는 부담에서 벗어나지 못하고 계속 자신의 모든 것을 희생하며 살아야 하는 씁쓸한 단면이 아닐 수 없다.

부모들이 이처럼 자기희생을 감수하는 것은 자신의 유전자를 가지고 태어난 자식이 적자생존의 경쟁사회에서 살아남아 후세에까지 자신의 유전자가 이어지기를 바라는 본능적 행동 탓으로 볼 수 있다. 이러한 예는 동물의 세계에서도 흔히 찾아볼 수 있는데 가령 어미 문어가 알에서 새끼가 부화할 때까지 자신의 알을 보호하기 위해 아무것도 먹지 않고 온 힘을 쏟아 붓다가 새끼들이 부화한 뒤에야 탈진하여 죽고 마는 것과 똑같은 현상이다. 즉, 부모의 자기희생이 인간에게만 나타나는 본능이 아님을 알 수 있다.

부모의 역할은 어디까지인가

부모들이 자기희생을 감수하는 것은 자식이 생존경쟁에 유리한 여러 가지 능력을 갖추어 부모의 기대를 충족시켜 주기를 바라는 마음 때문이다. 그러나 부모가 자식이 성장하면서 발달단계별로 해결해야 하는 주도성, 자신감, 학습능력, 정체성, 독립심 등을 효율적으로 교육시키지 못한다면 이러한 부모의 본능적인 자기희생도 모두 허사가 될 수밖에 없다.

인간이 성인이 되기 전에 갖추어야 할 능력은 성인이 된 후에도 지속적으로 한 사람의 인생에 영향을 미치게 된다. 따라서 자식이 그 부모의 잘못된 양육방식으로 인해 사회생활에 필요한 기본적인 품성과 생활능력을 갖추지 못한다면 결국 그 자식은 부모의 기대를 충족시키지 못하게 될 것이다. 뿐만 아니라 그러한 상황에 직면하게 된 자식은 현재의 상황을 마치 부모가 자신을 잘못 키운 탓으로 돌리고 부모를 원망하기까지 한다.

이런 문제를 단적으로 보여주는 것이 바로 우리나라의 1950년대에 태어난 이른바, '베이비부머' 세대의 부모들이다. 이들은 자신들이 자랄 때 겪었던 배고픔, 헐벗음, 제대로 배우지 못한 서러움을 자식들에게 만큼은 절대로 물려주지 않겠다는 일념으로 살아온 세대들이다. 그들은 무조건 자식들을 잘 먹이고, 잘 입히고, 잘 가르치는 것만이 부모의 도리며 인생의 목표로 알고 살아왔다. 그리하면 자식들이 저절로 부모의 기대에 따라 성장해줄 줄 알았던 것이다. 하지만 이 같은 지나친 자식사랑은 자식의 자립심을 약화시켜 오히려 자식을 부모에게 지나치게 의존하는 '어른아이'로 만들었으며, 자식에게 모든 것을 걸며 자신을 희생해온 부모들은 그동안 자식에게 했던 노력과 희생이 물거품이 되어 사라지는 것을 경험해야만 했다. 즉, 모든 것을 걸었던 자식들로부터 자신의 노후 대책은 물론 함께 살 수 있다는 희망마저 기대할 수 없게 된 것이다.

얼마 전 케이블TV의 한 프로그램에서 '당신이 만약 노후자금으로 모아둔 일억 원을 자식이 요구하면 사업자금으로 내어줄 수 있느냐'는 재미있는 설문조사를 한 적이 있었다. 결과는 놀랍게도 응답자의 70%에 달하는 부모들이 자식을 위해서라면 자신의 노후와 상관없이 자신이 가진 돈을 자식에게 주겠다고 답했다.

이처럼 우리나라 부모들은 30년 이상 평생을 바쳐 근무하고 받은 퇴직금을 자식의 사업자금으로 보태거나 대출 보증을 서주었다가 자식의 사업 실패로 자신의 몸 하나 의탁할 곳이 없게 된다 해도 여전히 자신의 노후보다 자식의 성공을 먼저 생각하고 있는 것이다.

하지만 이와 같이 밑도 끝도 없이 자식을 뒷바라지한다는 잘못된 생각을 부모 스스로가 바꾸지 않으면 언젠가는 부모가 오히려 자식에게 부담이 되는 시기가 온다는 것을 명심해야 한다.

부모의 역할은 자식이 성인이 되어 자립할 준비를 갖추게 되면 그것으로 끝이다. 부모들의 과도한 자식사랑은 오히려 자식의 독립심만 해칠 뿐이다. 자식에 대한 부양의무는 자식의 신체적 · 정신적 ·

경제적 독립에 필요한 최소한의 양만으로 족하다. 자식의 부족함을 대신 채워주려는 부모의 욕심은 오히려 자식으로 하여금 올바른 성인으로 성장하지 못하게 만드는 결과를 초래할 수 있다. 동물의 세계에서도 새끼가 성장하여 스스로 먹이를 구할 수 있는 능력을 갖추게 되면 새끼는 어미 곁을 떠난다. 사람도 마찬가지다.

모든 부모들은 존경받을 자격이 있다

몇 년 전에 한 TV방송에서 퇴근 후 동료들과 술자리를 갖고 있는 직장인을 찾아가서 자식에게 전화를 걸게 하고 '세상에서 제일 존경하는 사람은 누구인가?'라는 질문을 던지게 한 후, '아버지'라는 대답이 나오는 사람에게 냉장고를 주는 프로그램을 본 적이 있었다.

전화 연결이 된 자식 중에는 세종대왕이라 말한 학생도 있었고, 축구선수 베컴이라 답한 학생도 있었다. 하지만 진행자가 많은 사람들에게 질문을 했지만 '아버지'라고 대답한 자식은 선뜻 나오지 않았다. 그러다가 방송이 끝날 무렵에 18년 동안 자식이 친구들로부터 따돌림을 당할까봐 자신의 직업을 속여온 어떤 아버지와 시집간 딸의 이야기가 나왔다. 그 딸의 아버지는 세상 사람들이 누구나 알 수 있는 유명한 사람도 아니고 날씨가 더우나 추우나 자신에게 주어진 일을 열심히 하면서 자식들을 관심과 사랑으로 키운 환경미화원이었다. 아마도 그녀가 아버지를 세상에서 가장 존경한다고 말한 이유는 그녀 자신이 결혼하여 가정을 이루고 보니 가장으로서 아버지가 힘겹게 지고 있었던 책임의 크기와 가족에 대한 사랑을 비로소 알게 되었기 때문일 것이다.

세상의 모든 부모는 자식에게 베푼 사랑과 희생만으로도 자식으로부터 존경받을 충분한 권리가 있다. 그리고 자식들은 부모들의 못다 이룬 꿈이 대물림되어 자식이 꿈을 펼칠 때 부모의 꿈도 함께 이루어진다는 사실을 마음 깊숙히 새겨둘 필요가 있다.

02

경제적 자립을 위한 직업의 선택

성인이 되어 부모의 보호로부터 벗어나 독립된 삶의 주체로 살아가기 위해서 가장 먼저 해야 할 일은 무엇보다 경제적 자립이며 경제적 자립은 직업이 있어야 가능하다. 한때 사회에 나가 직장에서 첫 월급을 타면 부모님에게 빨간 내복을 선물하는 게 마치 관례처럼 여겨지던 때가 있었다. 그래서 그때는 마치 '빨간 내복 선물'이 경제적으로 독립해 완전한 성인이 되었음을 부모에게 신고하는 절차쯤으로 통하기도 했다.

육체적 노동력을 기초로 하는 전통농경사회에서는 육체적 성숙과 정신적 독립만으로도 성인의 조건이 어느 정도 충족될 수 있었다. 하지만 현대사회에서는 사회구조가 세분화되고 직업이 전문화되어 취업 준비기간도 그만큼 길어졌다.

2013년 우리나라 청년 고용률은 39.7%로, 1982년 관련 통계를 수집한 이래 최하위를 기록했다. 대학을 졸업하고도 직장을 구하지 못한 청년의 수가 그만큼 많음을 반증하는 것이다. 물론 이러한 현상은 직업을 신중하게 선택한 결과로 볼 수도 있지만 한편으로는 당연히 경제적 독립을 해야 할, 약 50만 명이나 되는 20~30대들이 여전히 부모에게 의존하는 캥거루족으로 남아 있다는 것을 암시한다.

우리가 직업을 선택하는 이유는 단순히 생계유지를 위한 것만은 아니다. 성인에게 직업은 자아실현의 중요한 수단이며, 사회는 자신에게도 가치 있는 일을 할 수 있는 매개체다. 그렇기 때문에 사람들이 직업을 선택할 때는 돈을 벌 수 있으면서도 자기가 하고 싶고, 좋아하고, 잘 할 수 있는 일을 최우선으로 고려하는 것이다.

직장은 안정적인 생활을 보장해줄 수 있는 보수를 제공한다. 하지만 직장을 선택할 때에는 자신이 선택한 직장이 단순히 생계유지의 수단일 뿐 아니라 자신의 능력을 발휘할 수 있는 곳이며 계속 성장할 수 있는 곳인지, 사회적으로 도덕적으로 문제가 없는 곳인지와 같은 요인들도 신중하게 고려해야 한다.

직업을 찾아가는 과정

대부분의 사람들은 학교에서 기본적인 교육을 받고, 어느 정도 자신의 능력, 적성, 가치관을 확인하는 과정을 거쳐 자신의 진로를 준비한다. 하지만 현실적으로 성인이 되는 16~22세의 나이에 현대사회에 존재하는 수만 가지의 직업 중에서 자신의 진로를 찾기란 매우 어려운 일이다. 지금까지 많은 학자들은 사람들이 왜 특정한 직업을 선택하는지를 이해하기 위해 다양한 진로선택이론을 내놓았다. 그 대표적인 것들이 구조론적 이론, 사회학적 이론, 발달론적 이론, 과정론적 이론 등이다.

먼저 구조론적 이론에 의하면 인간은 성격, 지능, 적성, 가치관 등 개인의 특성이나 성격의 유형에 맞게 진로를 선택한다. 예를 들어 탐구적인 성격의 사람은 학자가 되고, 예술적인 성격을 지닌 사람은 화가가 되는 경우다.

사회학적 이론에서 본 직업 선택은 부모의 지위 같은 사회의 구조적 요인에 따라 직업을 선택한다는 입장이다.

발달론적 이론에서는 진로의 결정을 하나의 사건이 아니라 발달적 개념으로 본다. 그래서 진로(직업) 선택을 개인 자아개념의 발달 결과인 동시에 자아실현의 과정으로 본다. 또한 인간의 진로 선택도 인간의 발달단계에 따라 성장기(14세 이전), 탐색기(15~24세), 정착기(25~44세), 유지기(45~64세), 쇠퇴기(65세 이상) 같은 단계를 거치며 변화한다고 보았다.

과정론적 이론은 진로 선택이 일반적인 의사결정, 문제해결 중에 나타나는 합리적인 사고의 과정, 즉 목적의식, 정보 수집, 대안 열거, 대안결과 예측, 대안의 실현가능성 예측, 가치평가, 의사결정, 평가 및 재투입의 과정을 거쳐서 결정된다고 설명한다.

이렇게 다양한 진로선택이론들은 직업 선택이 어떤 요인에 따라 이루어지고, 나이가 들어가면서 어떻게 변화하고, 어떤 과정을 거쳐 직업을 선택하는지 설명하고 있다. 하지만 결국 우리가 직업을 선택하는 것에서 가장 중요한 핵심은 '어디서 무엇을' 할지를 결정하는 것이다.

현실적인 '차선의 선택'

인간이 성인이 되기 전에 자신의 특성에 맞는 직업이 무엇인지 정확히 아는 것은 쉬운 일이 아니다. 하지만 자신의 역량이 어느 정도인지 파악하는 건 가능하다. 그래서 자신의 역량이 자신의 특성에 맞는 직업이 요구하는 역량에 못 미친다고 판단될 경우에는, 일단 자신의 꿈은 접어두고, 좀 더 쉬운 자신의 역량에 맞는 직업을 선택할 수밖에 없게 된다.

사람들은 현실적으로 직업 선택에 필요한 모든 지식을 알 수도 없고, 그 결과를 완벽하게 예측할 수도 없다. 경제학자인 허버트 사이먼은 이런 상황을 '제한적 합리성'이라는 개념으로 설명한다.

인간은 이성에 의거하여 합리성에 따라 행동하는 것이 아니라 현실적 제약으로 어느 정도 동의할 만한 '차선의 선택'을 한다고 하였다. 이런 현실적인 '제한적 합리성'으로 인하여 사람들은 수많은 직업 중에서 사회적 · 경제적 지위를 보장해줄 수 있는 안정적인 직업인 의사, 법조인, 교수 등을 선호하는 것이다.

직업을 선택하는 성인 중에서 자신의 이상에 맞는 직업을 찾을 수 있는 사람은 극소수에 불과하다. 자신의 이상과 능력에 맞는 직업을 선택한 사람 중에서도 그 직업에서 자신의 이상을 실현할 수 없어 다시 자신의 진로를 바꾸는 경우도 많이 있다.

'모로 가도 서울만 가면 된다'는 말이 있다. 영국의 변두리 지역에서 핸드폰 판매를 하던 37세의 평범한 폴 포츠는 어느 날 '브리튼 갓 탤런트'라는 TV 프로그램에 출연해 자신의 노래 실력을 뽐낼 기회를 얻는다. 이후 그는 하루아침에 거짓말처럼 세계적으로 유명한 성악가로 우뚝 서게 되었다. 이처럼 폴 포츠의 사례에서 보듯이 우리가 꿈을 실현할 수 있는 길이 반드시 한 가지만 정해져 있으란 법은 없다.

마찬가지로 설령 자신의 능력 부족으로 원하는 직업을 선택하지 못했다 하더라도 실망하거나 꿈을 포기할 필요는 없다. 살아가는 동안 꿈을 포기하지 않고 꿈을 키우며 살다보면 세상에는 자신이 모르고 있었던 소중한 가치들이 무수히 많이 존재함을 깨닫게 된다. 그렇기 때문에 자신의 이상이 바뀔 수도 있고, 부단한 노력으로 부족했던 부분을 극복해서 이전에 실현할 수 없었던 꿈을 성취할 수도 있다.

직업 선택은 진정한 성인이 되기 위해 아주 중요한 일이다. 하지만 현실적으로 모두가 자신이 꿈꾸는 '완벽한' 직업을 선택할 수는 없다. 중요한 것은 한계 상황 속에서도 내가 좋아하고, 잘 할 수 있는 것을 찾아 부단히 노력해 나가야 된다는 점이다.

읽·을·거·리

제한적 합리성과 만족모형이론

노벨경제학상을 수상한 경제학자인 허버트 사이먼(Herbert Alexander Simon)은 사람들이 의사결정을 하는 과정을 '제한적 합리성 bounded rationality'이라는 개념으로 설명하였다. 사람은 합리적이기는 하지만 완벽하지는 않다. 사실 인간은 의사결정을 해야 할 때 관련된 모든 지식을 알 수도 없고, 정확한 결과를 예측할 수 없기 때문에 일정 부분 한계가 있는 상황 속에서만 의사결정을 할 수 있다. 허버트 사이먼 박사는 이 '제한적 합리성'이라는 개념을 바탕으로 '만족모형 satisficing model'이라는 의사결정이론을 제시했다. 이 이론에 의하면 인간은 완벽하게 합리적으로 행동하는 것이 아니라 현실적인 제약을 인정한 상태에서 어느 정도 동의할 수 있는 차선의 선택을 하게 된다. 즉, 한계를 인식하고 주관적인 판단을 통해 최상의 것이라고 믿을 수 있는 대안을 선택한다는 것이다.

03

성인으로 가는 또 하나의 과정, 결혼

앞에서 우리는 진정한 성인이 되기 위한 조건으로 가장 먼저 경제적 독립을 들었다. 덧붙여 직업의 선택에 대해서도 이야기했다. 여기에 진정한 성인이 되기 위해 반드시 필요한 또 한 가지 조건은 바로 결혼이다.

성인으로 제대로 어른 대접을 받으려면 결혼을 해야 한다. 조선시대에는 남자가 결혼하면 상투를 틀고 여자는 머리를 올려 비녀를 꽂았다. 상투와 비녀는 비로소 성인이 되었다는 증표였던 셈이다.

인간이 결혼을 해서 자신의 세대를 이어갈 자식을 생산하는 것은 본능적 행위다. 또한 한 사회의 생존을 위해 다음 세대를 이어주어야 할 주체자로서 의무이기도 하다. 사람들은 주로 배우자를 통해 인간의 발달과업 중에 하나인 '친밀감'을 배우고 경험한다. 즉, 인간은 결혼을 통해 성인의 중요한 발달과업인 '친밀감'과 '생산성' 과업을 달성할 수 있는 것이다.

결혼이 선택이 될 수 없는 이유

최근 여성들의 경제활동이 늘어나고 남성들의 취업문이 좁아지면서 결혼 연령이 점점 높아지고 있다. 결혼을 망설이는 가장 큰 이유로 여성의 경우에는 출산과 양육에 대한 부담을 들 수 있으며 남성의 경우에는 집값 상승으로 인한 결혼 비용 등이 거론된다.

그럼에도 불구하고 결혼은 결코 선택사항이 될 수 없다. 아무리 현실이 결혼을 어렵게 만들어가고 있다고 해도 결혼이야말로 성인의 발달과업을 완성하기 위한 필수 조건이다.

현실적인 문제 때문에 남녀가 결혼에 대한 욕구를 억제하고 있지만 결혼은 자신의 삶을 '누구와 함께' 살아갈지를 선택하는 일이므로 미룬다고 될 일이 아니다. 또한 결혼은 배우자와 함께 하나의 경제공동체가 되어 미래 사회 구성원을 재생산하고 그들을 양육할 의무와 책임을 갖는 점에서 그 시기 역시 빠를수록 좋다고 본다.

만일 자신이 독신주의가 아니라면 결혼 시기는 최적의 선택을 기다리다 때를 놓치기보다 차선의 선택으로 결혼 시기를 앞당기는 편이 현명한 방법이다. 결혼은 성인으로서 안정적인 발달과업을 수행하는 데 결정적인 역할을 한다. 친밀감을 느끼는 배우자와 살면서 자녀양육을 하는 것은 성인의 정서적인 안정에도 큰 도움이 된다. 성인들은 자녀양육을 하면서 많은 희생을 하기도 하지만, 자녀의 성장을 바라보며 느끼는 보람과 자녀들의 애정을 통해 얻는 큰 기쁨은 그 어떤 것도 대신할 수 없는 귀중한 경험이다.

경제적인 이유 때문에 결혼을 망설이고, 결혼을 해서도 양육에 대한 부담감 때문에 아이 낳기를 주저하는 요즘 젊은이들을 보면, 사랑의 달콤함만 즐길 뿐 부모라는 역할을 수행한다는 것의 의미와 자식으로부터 받는 사랑의 큰 의미를 모른 채 살아가는 것 같아 안타깝기 그지없다.

결혼은 두 사람의 사랑으로 이루어지는 것이며, 자식은 부모의 관심과 사랑으로 자라는 것이다. 어느 것도 돈으로만 할 수 있는 것이 아니다. 누구나 결혼을 해서 가정을 꾸리고 자식을 키우는 일이 부

여기서 잠깐

통계로 본 서울 여성의 삶

서울시에서 발표한 '통계로 본 서울 여성의 삶' 자료에 의하면 (이 데일리, 2014년 6월 20일) 2012년 기준으로 만 13세 이상의 서울 여성 중에서 결혼을 선택 사항이라고 생각하는 사람이 전체의 39.9%를 차지했고, 2010년 기준으로 혼인 적령기에 있는 25~39세의 서울 여성 중에서 미혼 비율이 48.3%로 높아졌다고 한다. 평균 초혼 연령 역시 1993년 25.7세에서 2013년 30.4세로 4.7세 높아졌으며, 초혼 연령이 높아지다 보니 평균 출산 연령도 1993년 28세에서 2012년 32.3세로 4.3세 늦어졌다.

담스럽지 않을 수 없다. 그러나 그런 부담을 스스로 짊어지고 극복해나갈 때, 비로소 진정한 성인이 되는 것이다.

배우자의 선택

2013년에 결혼정보회사 '듀오'에서 미혼남녀 1,000명을 대상으로 '이상적인 배우자상'을 조사한 적이 있었다. 그 결과, 여성들은 신랑감을 고를 때 성격—경제력—직업—외모의 순서로, 남자들은 신붓감을 고를 때 성격—외모—경제력—직업 순서로 본다는 결과가 나왔다.

한때 여성들은 결혼의 조건으로 '3고高'(학력, 소득, 신장)를 선호했지만, 요즘에는 3C, 즉 편안하고Comfortable, 말이 잘 통하고Communicative, 가사를 잘 도와주는Cooperative 남자를 우선 순위로 꼽는다고 한다.

남녀 모두 배우자를 선택할 때에 외모, 경제력, 학력 등 자신이 중요하게 생각하는 조건을 갖춘 상대를 선택하는 경우도 있고, 교육 수준, 사회적 수준, 취미나 가치관 등의 공통점이 많은 상대를 선택할 수도 있다. 또한 영향력이 큰 부모를 둔 사람의 경우에는 결혼을 교환조건으로 보아 자신의 자격과 이미지에 부합되는 배우자를 찾기도 한다.

하지만 배우자를 선택할 때 가장 중요한 것은 뭐니뭐니 해도 자신

바람직한 결혼생활이란 어떤 선택을 했을지라도
두 사람이 서로에 대한 신뢰와 사랑을 바탕으로
최선을 만들어가는 것이라 할 수 있다.

만의 가치관과 인생의 목표를 가지고 있는지, 즉 성인으로서 정체성이 확립되어 있는지를 제일 먼저 확인해야 한다.

사실 아무리 주위를 찾아봐도 첫사랑이나 이상형과 같은 상대를 발견하는 것은 결코 쉽지 않다. 물론 자신의 이상형을 기다린다고 해서 그 자체를 나무랄 수는 없지만, 현실적으로 원하는 조건을 다 갖춘 이상형을 찾는다는 건 어쩌면 불가능에 가까운 일일지도 모른다. 그러므로 바람직한 결혼생활이란 어떤 선택을 했을지라도 두 사람이 서로에 대한 신뢰와 사랑을 바탕으로 최선을 만들어가는 과정이라는 것을 잊어서는 안 된다.

부부의 역할

대법원이 발간한 「2013년 사법연감」에 따르면 지난해 전체 11만 4316건의 이혼사건 중 결혼 기간이 20년이 넘는 부부의 이혼 건수는 총 3만 234건으로 전체 이혼의 26.4%를 차지했다. 이 수치는 결혼 기간이 0~4년인 부부의 이혼 건수(2만 8204건, 24.6%)를 처음으로 넘어선 것이라 놀라지 않을 수 없다.

황혼이혼과 신혼이혼의 증가로 한 해 결혼하는 부부 32만 쌍의 3분의 1에 해당하는 부부가 이혼을 하고 있다. (뉴시스, 2013년 10월 20일). 이렇게 이혼이 증가하는 이유에는 여러 가지가 있겠지만, 근본적으로는 부부가 결혼하면서 동시에 새롭게 부여받는 각자의 역할을 제대로 수행하지 못한 데 그 원인이 있을 것이다.

일반적으로 부부의 역할에는 ① 성적 파트너로서의 역할, ② 자식을 양육해야 하는 부모로서의 역할, ③ 가정을 책임지고 운영해야 하는 가장 또는 주부로서의 역할, ④ 서로의 인생을 책임지고 함께 살아가는 동반자로서의 역할 등이 있다.

결혼을 하고 자식이 생기면 부부는 이 네 가지 역할들을 동시에 수행해야 하지만 인간의 발달단계에 따라 그 역할의 비중이 달라지게 된다. 예를 들면 2~30대에는 성적 파트너로서의 역할이 다른 역할에 비해 중요할 것이며, 3~40대가 되면 부모로서의 역할과 가장 또는 주부로서의 역할 비중이 커진다. 그리고 5~60대가 되면 인생의 동반자로서의 역할이 가장 중요해질 것이다.

물론 부부가 이렇게 네 가지 역할을 서로 잘 수행하며 상대방의 기대를 충족시키면서 살아간다면 더할 나위 없이 좋겠지만, 현실은 그렇지 못한 경우가 많다. 살면서 상대방이 기대를 충족시키지 못하였거나 해야 할 일을 하지 않았을 경우 부부 간에 갈등이 발생하게 된다. 예를 들어 아내가 자녀 양육에 몰두하다 성적 파트너로서의 역할을 잘 수행하지 못한다면 갈등이 생길 수 있으며, 남편이 가장으로서 경제적인 능력이 떨어질 경우에도 갈등이 생길 수 있다. 어쩌면 부부 간 갈등은 결혼 생활에서 불가항력적인 일일 수도 있다. 왜냐하면 부부가 서로에게 기대하는 역할이 다르고, 주어진 역할에 맞는 일들을 완벽하게 처리해낼 수 없기 때문이다. 이런 갈등이 해결되지 못하고 점점 증폭될 때 사람들은 이혼이라는 극단적인 선택을 하게 된다.

성인이 되어 경제적 독립을 하고 나만의 가정을 꾸린 사람들은 안정적인 결혼생활을 위해 남편으로서, 아내로서 해야 할 일들이 무엇인지 고민하고, 또 각자의 역할을 잘 수행하기 위해 어떻게 해야 하는지 현명한 방법을 찾아가도록 노력해야 한다.

한걸음 더

삼포세대를 넘어서 사포세대로

최근 한국 사회에서는 젊은층들 사이에서 '삼포세대'라 말이 유행처럼 번지고 있다. 즉, 취업, 결혼, 출산 세 가지를 포기한 세대라고 해서 스스로 '삼포세대'라고 하는 것이다. 그런데 요즘은 다시 여기에 한 가지가 더 포함되어 '사포세대'까지 등장해 우리 사회의 힘든 모습을 다시 한 번 더 생각하게 해준다.

사포세대란 이미 포기한 세 가지와 함께 대학생활을 포기한다는 말로서 날로 어려워지고 있는 취업의 문을 뚫기 위해서는 인생의 황금기라는 대학생활조차 '스펙'을 쌓기 위해 포기해야 한다는 것을 뜻한다. 대입을 위해 힘들고 고단한 고교시절을 보낸 대학생들은 또다시 취업을 위한 각종 스펙 관리와 학점 관리 등으로 자유로운 대학생활을 포기할 수밖에 없는 현실에 직면해 있는 것이다.

04

성인으로서의 인생설계

이제 막 성인이 되어 자신이 원하던 직장을 구하고 미래를 함께 할 배우자를 만나 결혼을 했다면 이제는 앞으로 어떻게 살아갈지 미래에 대한 계획을 세워야 한다. 즉 인생설계를 본격적으로 해야 하는 것이다. 가령 집은 언제 살지, 돈은 어떻게 모을지, 자식은 몇 명 낳고 어떻게 키울지, 직장에서는 어떤 경력을 쌓고 어떤 지위까지 올라갈지 등, 개인마다 추구하는 인생의 목표를 달성하기 위해서 보다 구체적인 인생설계를 해나가야 한다.

그렇다면 과연 우리가 성인이 되어 인생을 본격적으로 시작하기 전에 세워야 할 인생의 목표는 무엇일까? 대부분의 사람들이 추구하는 인생의 궁극적인 목표는 아마도 '성공'과 '행복'일 것이다.

인생의 목표, 행복한 성공

우리는 일반적으로 직업을 통해 자신의 꿈을 실현하고 능력을 인정받은 사람을 가리켜 '성공했다'라며 존경을 표한다. 그 사람이 남보다 탁월한 능력을 발휘해 부와 명예, 권력까지 거머쥠으로써 모든 사람들로부터 부러움의 대상이 되었기 때문이다. 하지만 현실에서는 성공한 사람이라고 해서 그들이 다 행복한 건 아니다. 직업에서의 성공은 행복하게 살기 위해 달성해야 하는 인생의 여러 가지 목표 중 하나에 불과하다. 이를테면 과학 분야에서 세계적인 연구업적을 남기는 것이 꿈인 사람이라도 그 꿈을 달성하기 위해서는 건강도 유지해야 하며 인생의 여정을 함께 해줄 가족, 친구도 필요하다. 보통 자신이 추구하던 목표나 과업을 달성한 경우 '성공했다'고 하지만, 그것을 아무도 인정해주지 않고 기뻐해주지 않는다면 그 사람은 결코 행복을 느끼지 못할 것이다. 비록 목표 달성에는 실패했더라도 자신의 주변에서 위로해주고 격려해주는 사람이 있을 때 오히려 우리는 더 큰 행복을 느끼게 될 것이다.

결국 인생의 목표를 달성하면서 얻게 되는 성공은 단지 행복의 필요조건일 뿐이다. '행복'은 성공 뒤에 저절로 따라오는 것이 아니라 자신의 꿈을 실현하는 과정에서 스스로 찾아야 하는 것이다. 사람들이 추구하는 삶의 진정한 목적인 '행복'은 인간관계를 통해 완성된다. 따라서 많은 사람들이 궁극적으로 추구하는 인생의 목표는

'행복한 성공'이라 할 수 있다.

성공은 혼자서 달성할 수 있지만 행복은 혼자서 이룰 수 없다. 성공 뒤의 행복감은 잠시 동안에 그치지만 '사이between'에서 만들어진 행복감은 오랫동안 지속된다. 행복한 성공은 나와 가족, 나와 친구, 나와 동료 등과 같이 사람과 사람 사이에 생기는 관계, 즉 '사이'에서 이루어지며 이것이 행복을 완성하는 충분조건이 된다.

행복의 필요조건으로 우리가 달성해야 할 인생의 목표는 어떤 것들이 있을까. 성인으로 출발하기 전에 인생의 목표를 정하는 인생 설계를 제대로 하기 위해서는 먼저 앞장에서 살펴본 조지 베일런트 교수의 성인의 '발달과업'을 떠올려볼 필요가 있다.

성인의 발달과정에서 과제처럼 부과되는 여섯 단계의 발달과업, 즉 정체성 확립→친밀감의 발전→직업적 안정→생산성의 과업→의미의 수호자→통합으로 이어지는 '발달과업'을 성공적으로 완수함으로써 얻을 수 있는 '행복의 조건'은『파우스트』의 작가 괴테(1749~1832)가 풍요로운 황혼을 맞이하기 위해 잃지 않아야 하는 것으로 꼽은 다섯 가지 조건, 즉 '일, 돈, 건강, 친구, 꿈'과 매우 흡사하다.

이제 막 성인이 된 사람들은 자신의 이상에 따라 사회정의를 실현하기 위해 법률가가 되거나, 아픈 사람들을 치료하기 위해 의사가 되려는 등 나름대로 인생의 목표를 세운다. 그러나 사람들은 자신의 이상을 실현하는 과정에서, 즉 성인의 발달과정을 거치는 동안 또 다른 인생의 목표들을 발견하게 된다. 법률가가 되든, 의사가 되든,

나이가 들어가면서 발달과업을 순차적으로 수행하는 과정에서 권력, 돈, 건강, 명예 등 현실적인 인생의 목표를 만나게 되는 것이다.

행복한 노후를 위한 준비

우리가 인생의 목표를 정할 때 한 가지 꼭 기억해야 할 것이 있는데 그건 바로 '행복한 노후생활에 필요한 준비'다. 봄에 어떤 나무를 심느냐에 따라 가을에 수확할 열매의 종류가 달라지며, 여름 동안 얼마나 부지런하게 가꾸었느냐에 따라 가을에 수확량이 달라진다. 그리고 봄, 여름, 가을 동안 열심히 농사를 짓는 것은 추운 겨울을 따뜻하고 걱정없이 나기 위한 준비에 해당된다. 어떻게 보면 인생설계도 추운 겨울을 걱정없이 보내기 위한 준비와 비슷한 면이 있다. 이런 의미에서 인생을 설계할 때 귀납적 방법을 사용하여 '행복한 노후생활'에 필요한 것들을 인생의 목표로 정하는 것도 현명한 방법이 될 수 있을 것이다.

최근에는 의학의 발달로 인간의 수명이 크게 늘어났다. 그래서 늘어난 노년기를 어떻게 보내야 할 것인지에 대한 사회적인 관심이 점점 높아지고 있다. 특히 자식 교육을 위해 많은 것을 희생해온 '베이비부머' 세대야말로 노후대책이 당장 시급한 문제가 아닐 수 없다. 그들은 정작 자신의 노후에 대한 준비를 소홀히 했기 때문에 예상치 못한 현실이 몹시 당황스럽게 느껴질 수 있기 때문이다.

그렇다면 다가오는 100세 시대를 행복하게 보내기 위해 필요한 것으로 어떤 것이 있을까. 여기에는 여러 가지 의견이 있을 수 있겠지만, 대체로 모든 사람들이 동의하는 '행복한 노후생활을 위해 준비할 것'들은 다음과 같다.

- 주변 사람에게 손 벌리지 않고 살 수 있는 정도의 노후자금
- 같이 대화할 수 있는 배우자
- 혼자 걸어 다닐 수 있을 정도의 건강
- 사회 구성원의 한 사람으로 자기 역할을 해내는 자녀
- 같이 놀아줄 수 있는 친구
- 혼자 할 수 있는 일이나 취미
- 같이 할 수 있는 일이나 취미

'행복한 노후생활을 위한 준비할 것'은 공교롭게도 모두 다 성인의 발달과정에서 단계별 발달과업을 수행하는 과정에서 성취할 수 있는 인생의 목표들과 일치한다. 따라서 성인으로 출발하기 전에 인생의 목표들을 달성하기 위한 인생설계는 꼭 필요한 일이지만, 대부분의 사람들은 제대로 된 인생설계는 물론 세워놓은 계획에 완벽하게 맞춰 살지도 못하는 것이 현실이다. 스무 살의 나이에는 아직 자신이 하고 싶은 일이 무엇인지 잘 알지 못하고 서른이 되어 정작 하고 싶은 일을 발견하더라도 능력의 부족이라는 벽에 부딪치기도 한다. 때로는 젊은 시절 경험하는 열정적인 로맨스가 인생의 전환점이 되기도 하고, 지난 시절에 저질렀던 사소한 잘못이 자신의

앞길을 가로막는, 인생의 가장 큰 걸림돌이 되는 경우도 있다. 이렇게 인생의 여정은 아무런 준비없이 떠나기엔 너무나 길고 불확실하다. 그래서 인생설계가 중요한 것이며 성인으로 출발하기 전에 미리 자신이 해야 할 일과 하지 말아야 할 일을 확인해둘 필요가 있는 것이다.

3부

성공과 실패의 조건

01

사회 · 경제적 지위의 차이

이 세상의 모든 사람은 각자 다른 외모와 성격만큼이나 살아가는 모습들도 천차만별이다. 같은 부모에게 태어나 같은 유전자와 환경 속에서 성장한 형제 역시 예외는 아니다. 처음에는 서로 비슷한 모습을 보이며 성장하지만 점점 신체적 외형과 성격이 달라지고 성인이 된 이후에는 서로 다른 직업과 배우자를 만나 각자의 삶을 꾸려가다 보면 비록 피를 나눈 형제라 해도 각자의 방식대로 살아온 수십 년의 시간만큼 사회 · 경제적 지위는 물론 여러 가지 면에서 현격한 차이가 나타난다.

이런 경험은 오랜만에 어릴 적 친구를 만났을 때 더욱 확실해지는데 동창회에 가본 사람들이라면 누구나 한 번쯤 경험했을 법한 일이다. 같은 학교를 입학해서 같은 스승 밑에서 배운 동기생들을 수십 년이 지나 다시 만나 보면 처음에는 달라진 외모 때문에 쉽게 누가 누구인지 모르다가 몇 마디 이야기를 주고받다 보면 의외로 별로 달라진 게 없는 성격이나 태도에 몇십 년을 훌쩍 뛰어넘어 금세 그 시절로 돌아간다. 그리고 잠시 뒤, 수십 년의 세월만큼이나 서로 달라진 사회 · 경제적 지위에 다시 한 번 놀라게 된다.

이처럼 성인이 되기 전까지만 해도 서로 엇비슷한 조건이었던 사람들이 세월이 지난 다음 각자 사회적 · 경제적 위상의 차이를 보이는 이유는 무엇일까. 그 해답을 찾기 위해서 먼저 이들이 각자 수십 년 동안 '어디서 무엇을' 하며 어떤 과정을 거쳐 '어떻게' 살아왔는지에 대해서 살펴보아야 한다.

내적 요인

심리학의 동기이론에서는 인간의 행동, 즉 실행performance은 '동기motivation×능력ability'이라는 관점을 취하고 있다. 방정식 '실행(P)=동기(M)×능력(A)'에서 실행(P)은 동기(M)와 능력(A)의 함수이므로 실행(P)의 크기는 개인의 동기와 능력에 따라 달라진다. 그리고 어떤 사람이 살아오면서 현재까지 실행한 여러 가지 행동의 합은 'ΣP'가 되므로 'ΣP'는 현재 그 사람의 사회적 · 경제적 지위를 나타낸다고 볼 수 있을 것이다. 그러므로 개인의 동기와 능력은 그 사람의 사회적 · 경제적 지위(ΣP)를 결정하는 내적 요인이라 할 수 있겠다. 여기서 개인의 태도는 동기(행동의도) 형성에 영향을 미치는 가장 중요한 요소로서 사회적 · 경제적 지위를 결정하는 내적 요인으로 작용한다.

같은 부모에게서 태어난 형제라 해도 물려받은 유전적 기질과 태어난 순서에 따라 양육 받은 환경조건이나 경험이 다를 수 있다. 또한 동기생이라도 각자의 부모로부터 물려받은 신체적 능력과 지능, 가정환경, 부모의 양육방식 등에 따라 개인 간의 차이가 발생한다. 이러한 개인 간의 차이는 성인이 되었을 때 각자가 추구하는 인생의 목표와 그 목표를 실현하는 데 필요한 능력과 태도에서 개인 간의 차이를 형성하는 요인이 된다.

성인이 되기 전 각자가 지닌 능력의 차이는 성인이 된 이후 '어디서 무엇을' 하며 살아갈 것인지를 결정하는 데 영향을 미친다. 즉, 성인 이전에 가지고 있던 개인의 능력 차이는 목표를 정하고 그 목표를 실행하는 과정에서 개인 간의 차이를 만드는 '성공'의 요인으로 작용한다.

반면 성인이 되기 전 각자가 지닌 태도의 차이는 성인이 된 이후 삶의 과정을 '어떻게' 살았는지, 즉 인생의 목표를 달성하기 위해 필요한 '해야 할 일'과 '하지 말아야 할 일'을 어떻게 해결하였는지에 영향을 미치게 된다. 이렇게 태도는 '해야 할 일'을 하지 않게 하기도 하고, '하지 말아야 할 일'을 하게 함으로써 '실패'의 요인으로 작용하게 된다.

결과적으로 인생의 성공과 실패에 큰 영향을 미치는 개인의 능력과 태도가 각자의 사회적 · 경제적 지위를 결정하는 내적 요인인 것이다.

우리가 잘 알고 있는 토끼와 거북이의 경주 이야기는 바로 이러한 예를 잘 보여주는 우화다. 달리기만으로는 날쌘 토끼와 비교도 할 수 없을 정도로 느린 거북이가 결국 토끼를 제치고 이긴다는 이 유명한 이야기는 능력의 부족에도 불구하고 포기하지 않고 끈기 있게 노력하는 거북이의 태도와 자신의 능력만 믿고 안일하게 살다 결국 실패하고 마는 토끼의 태도를 대조적으로 보여준다. 토끼와 거북이의 이야기는 수십 년 동안 진행되는 성인의 발달과업을 달성해 나가는 과정에서 개인의 태도가 어떤 결과를 초래하는지를 상징적으로 보여주고 있다.

외적 요인

'어디서 무엇을 하며, 어떻게 살았는지'를 결정하는 개인의 능력과 태도가 각자의 삶을 결정하는 내적 요인이라면, 성인이 되어 사회생활을 하며 겪게 되는 여러 가지 시대적 변화와 개인적인 상실의 위기와 같은 주변 환경의 변화는 개인의 삶의 결과에 영향을 주는 외적 요인이다.

경제변화와 기술발전이 매우 느린 속도로 진행되었던 과거에는 사회변화가 개인의 삶에 영향을 주는 경우가 그리 흔치 않았다. 하지만 사회변화가 급격히 진행되는 현대에서는 그렇지 않다. 급격한 사회변화는 잠잠하던 개인의 삶을 순식간에 마치 지진해일처럼 휩쓸고 지나간다. 그 대표적인 예가 디지털 기술의 발전과 경제위기다. 요즘처럼 하루가 멀다 하고 발전하는 디지털 기술의 발전은 동네마다 흔하게 있던 사진관과 비디오 대여점을 사라지게 했으며, IMF 외환위기는 우리 사회에 수많은 가장을 찬바람이 부는 길거리로 내몰았다.

개인의 삶에 지대한 영향을 미치는 또 다른 외적 요인 중 하나는 바로 상실의 위기이다. 사고나 질병으로 인해 가족을 잃거나 신체 기능의 상실, 각종 재해로 인한 재산의 상실, 이혼 등이 그런 대표적인 경우다.

상실의 위기는 누구도 원하지 않으며 예상하지 못한 상태에서 갑자기 찾아와 개인으로 하여금 정상적 발달과업을 수행할 수 없는 상태로 만들어버린다는 점에서 두려움의 대상이다. 사람들이 인생의 중요한 고비에서 자신의 종교에 의지하거나, 무속신앙을 찾게 되는 것도 예상치 못한 재난을 피하고 싶은 마음에서 기인한 것이라고 할 수 있다.

결론적으로 말하면 성인이 되기 이전에는 고만고만하고 엇비슷했던 사람들이 수십 년이 지나 사회 경제적으로 달라진 인생을 살고 있는 것은 성인이 된 이후 자신의 인생목표를 달성하기 위해 자신의 능력과 태도에 따라 '어디서 무엇을' 하며 '어떻게' 살아왔는지와 자신이 겪게 된 외적 요인을 '어떻게' 해결해 왔는지에 따른 결과의 차이다. 즉, 삶의 결과인 사회 · 경제적 지위는 삶을 살아가는 개인의 능력과 태도에 따라 확연한 차이가 발생하게 된 것이다.

능력과 태도의 상관관계

심리학에 '긍정심리학positive psychology'이라는 것이 있다. 사실 전통적으로 심리학에서 다루는 주요 관심사는 인간의 마음을 병들게 하는 부정적인 심리와 감정이었다. 하지만 1990년대 후반, 심리학계 안에서 조금 다른 접근법을 시도하려는 움직임이 일어났다. 꼭 병적인 요소만 찾아낼 게 아니라 인간을 행복하게 만드는 긍정적인 요소들을 적극적으로 찾아내 그것을 강화하자는 것이 바로 그런 변화였는데 바로 긍정심리학이 다루고자 하는 주제이기도 했다.

캘리포니아 대학교 리버사이드 캠퍼스의 심리학 교수인 소냐 류보머스키는 2005년, 미국 심리학회가 발행하는 「*Psychological Bulletin*」에 기존의 심리학 실험 연구 225건을 분석해 "부나 성공 등 행복과 관련된 요소들은 행복의 원인이 아니라 행복의 결과"라는 연구 결과를 발표했다. 그리고 발표한 내용을 기본으로 『*How to be Happy*: 행복도 연습이 필요하다』라는 책을 출간했다. 소냐 류보머스키는 이 책에서 '행복을 결정하는 3가지 요소'를 '3각이론three-leg model'으로 설명했다.

:: 무엇이 행복을 결정하는가? -소냐 류보머스키의 '행복을 결정하는 3가지 요소'

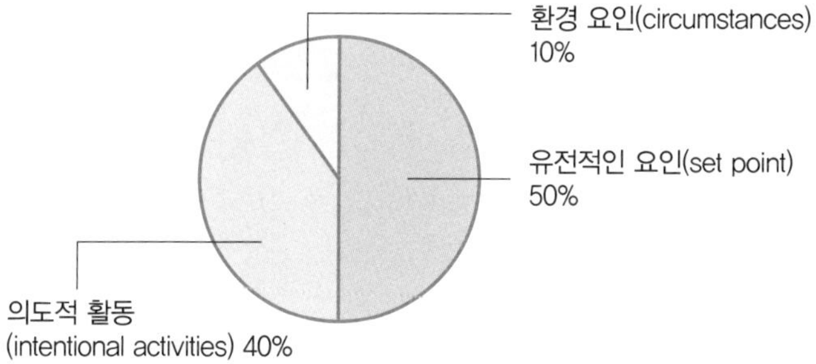

우선 행복을 결정하는 3가지 요인 중 첫 번째는 유전적 설정값set point이다. 소냐 류보머스키에 의하면 유전적 설정값은 신체적 조건 등 사람마다 유전적으로 타고나는 요인으로 행복의 50%를 좌우한다.

두 번째 요인은 환경circumstance이다. 경제적인 생활수준, 건강 상태 등 누군가 가지고 있는 외적인 조건을 의미하며, 주어진 환경적 요소가 어떠한 가에 따라 행복의 10%가 결정된다.

세 번째 요인은 의도적 활동intentional activities인데, 어떤 사고방식을 가지고 어떤 행동을 하는가를 말하며 행복의 40%를 좌우한다. 즉, 의도적인 노력으로 행복한 상태를 만들 수 있다는 가능성을 제기한 것이다.

'3각이론'에서 행복의 크기를 결정하는 3가지 요소간의 상관관계를 산술적으로 계산해보면, 예를 들어 유전적 설정값에서 10%의 차이가 있을 경우 0.5×0.1=0.05, 즉 유전적 설정 값의 차이로 인한 행복의 크기는 5%의 차이가 발생하게 된다. 그러나 의도적 활동에서 15%의 노력을 더한다면 0.4×0.15=0.06, 즉 행복의 크기는 6%로 커지게 된다. 계산상으로 유전적 설정값이 10% 적더라도 의도적인 활동을 15% 더 많이 한다면 유전적 설정값의 차이를 극복할 수 있으며 행복의 크기를 1% 더 크게 바꿀 수 있다는 것을 알 수 있다.

'3각이론'을 이용하여 개인의 사회 · 경제적 지위의 차이를 가져오는 내적 요인인 능력과 태도의 상관관계를 알아볼 수 있다. '3각이론'에서 첫 번째 요인인 유전적 설정값을 개인의 능력으로, 두 번째 요인인 환경을 사회 · 경제적 지위의 차이를 발생하게 하는 외적 요인으로, 세 번째 요인인 의도적인 활동을 개인의 태도라고 가정하여 같은 방법으로 계산할 경우 개인의 능력(=유전적 설정 값)이 10% 적더라도 개인의 태도(=의도적인 활동)로 15% 더 노력한다면 능력의 차이를 극복할 수 있으며 사회 · 경제적 지위를 1% 더 높일 수 있음을 알 수 있다.

소냐 류보머스키, 『*How to be Happy* : 행복도 연습이 필요하다』

심리학의 새로운 조류라 할 수 있는 긍정심리학의 주제는 '행복'이라는 주관적인 감정 상태다. 긍정심리학은 억압된 무의식에서 인간의 심리 상태에 대한 모든 해답을 찾았던 프로이트의 정신분석학을 반성하고, 마음의 밝은 면을 규명하고 긍정적인 기능에 관심을 기울여 행복 또는 웰빙을 증진시키려는 것이 목적이다. 긍정심리학에서는 행복은 유전적인 요소에서도 영향을 받지만, 인간의 의지와 노력에 따라 얼마든지 행복해질 수 있다는 것을 증명하고 있다.

'행복 방법론'에 관한 본격적인 심리학 보고서를 대중에게 쉽게 소개하는 이 책은 소냐 류보머스키 교수가 2005년 미국 심리학회가 발행하는 「*Psychological Bulletin*」에 발표한 논문의 내용을 기본으로 집필된 것이다. 류보머스키 교수는 27만 5000명이 참여한 기존의 심리학 실험 연구 225건을 분석해 "부나 성공 등 행복과 관련된 요소들은 행복의 원인이 아니라 행복의 결과"라는 연구 결과를 발표했다. 류보머스키 교수는 "행복을 가져다주는 것은 삶에 대한 긍정적인 자세이며, 그로 인해 행복해진 사람들은 생산성도 높고 면역체계도 더 건강하고 돈도 더 잘 벌고 있다"는 주장을 펼쳤다.

행복을 결정하는 요인의 40%는 행복해지고 싶은 개인의 의지로 할 수 있는 '의도적 활동'이다. 즉, 이 말은 노력 여하에 따라 행복을 증대시킬 수 있는 가능성이 40%나 된다는 것을 의미한다. 이 책은 이러한 40%의 잠재된 가능성을 최대한으로 개발해야 한다는 전제 아래, 행복의 수준을 높이는 데 효과가 있는 것으로 검증된 12가지 행복 연습 과제를 제시한다.

자료 출처: 온라인 서점 '알라딘' 출판사 책 소개 자료 중에서

02

성공과 실패의 의미

한 사람의 삶을 두고 성공했다고 할 때는 보통 자신이 설계한 인생 목표에 도달한 것을 의미한다. 여기서 인생 목표란 직업의 성공일 수도 있고 예술적 성취, 행복한 가정, 그리고 사회에 대한 봉사 등 여러 가지가 있을 수 있다.

또한 우리는 일반적으로 자신의 직업에서 어떤 목표를 달성해 사회 · 경제적으로 높은 지위를 얻은 사람을 가리켜 흔히 성공했다고 한다. 하지만 거꾸로 목표를 달성하지 못해 사회적으로나 경제적으로 지위가 낮은 사람이라고 해서 반드시 실패했다고 말하지 않는다. 이는 곧 사회 · 경제적 지위는 인생의 성공 여부를 판가름하는 하나의 기준에 불과하며 절대적인 것이 아니기 때문이다.

종교지도자나 예술가처럼 자신이 추구하는 이상을 실현하며 살고 있는 사람들에게 사회 · 경제적 지위란 아무런 의미가 되지 못한다. 따라서 한 사람의 성공과 실패는 부와 권력과 명예의 획득 여부로 판단하기보다 성인의 발달과업을 달성하기 위해 자신이 정한 인생 목표를 과연 얼마만큼 달성했는지의 여부로 판단해야 되는 것이다. 그러나 현실적으로 자신이 세운 인생의 목표를 완수하는 사람은 극히 드물다. 많은 사람들은 비록 원하던 목표에는 미달하지만 자신이 성취한 결과에 만족하며 살아간다. 따라서 목표를 달성하지 못한 것을 두고 실패라고 말할 수 없다. 실패는 목표를 이루지 못하고 그로 인해 극도의 자기 침체에 빠지거나, 자신의 존재 의미를 찾지 못하고 절망감에서 벗어나지 못하는 경우를 두고 하는 말이다.

한 개인의 성공과 실패를 판단하는 또 다른 기준은 부모의 역할에서 찾을 수 있다. 오로지 목표 달성에만 전념하여 높은 사회 · 경제적 지위를 얻어 '남들이 보기에 성공한' 사람이 되었을지라도 인생의 또 다른 목표인 화목한 가정과 자녀교육에 실패했다면 그는 결코 성공한 삶을 살았다고 볼 수 없다. 그 사람은 성인의 발달과업이면서 인간으로 태어나 가장 중요한 의무인 생산성 과업의 달성에 실패했기 때문이다.

그런 점에서 개인의 관점이 아닌 부모역할의 관점에서 성공의 의미를 살펴볼 필요가 있다. 이를테면 건강, 재산, 교육, 자긍심, 이타심 같은 유무형의 자산을 자신의 부모로부터 물려받은 것보다 자신의 자식에게 물려줄 것이 더 많다면 이 사람은 성공했다고 볼 수 있을 것이다. 반대로 자식에게 물려줄 자산이 부모로부터 받은 것보다 적거나 또는 물려줄 자산이 많더라도 게으름, 난폭함, 불신, 탐욕 같은 나쁜 무형 자산을 함께 물려주었다면 그 인생은 실패한 것이다.

이러한 주장의 배경에는 모든 부모는 다음 세대를 이어갈 자식이 사회구성원으로서 맡은 바 제 역할을 잘 해나갈 수 있도록 양육할 의무가 있을 뿐만 아니라, 자신이 부모에게서 받은 유산보다 더 많은 유산을 자식에게 물려줘야 할 책임도 있기 때문이다. 결국 부모 역할에서 실패할 경우 성인의 마지막 발달과업인 '통합'을 이루지 못함으로써 인생의 좌절감을 느끼게 된다.

사람들은 점점 나이가 들면서 자신이 과연 부모 역할을 성공적으로 했는지에 대해서 반성하게 된다. 물론 개인으로 수행한 역할이나 부모로 수행한 역할, 두 가지 다 성공했다면 행복의 필요조건인 '성공'을 이루었음에 틀림없다. 하지만 그럴 때일수록 눈에 보이는 성공에만 연연해 정작 중요한 것을 잃고 있는 건 아닌지 한 번쯤 자신을 되돌아보아야 할 것이다.

03

성공의 필요조건

성인이 되어 자신이 선택한 직업을 갖고 사회에 첫발을 내딛는 행위는 과연 어떤 의미를 갖는 것일까. 이는 한마디로 부모와 학교가 만들어준 보호막에서 벗어나 무한경쟁, 적자생존의 법칙이 적용되는 인생의 밀림 속으로 마침내 들어섰음을 의미한다고 보면 될 것이다.

사회라는 밀림에는 성인이 되기 전에는 결코 겪어보지 못했던 수많은 미로가 존재하며, 알지 못하는 장애물이 곳곳에 도사리고 있다. 사회를 구성하고 있는 조직과 조직 간에, 또는 조직 내부에서 벌어지는 경쟁의 결과에 따라 자신의 위치가 정해지며 단순한 훈련이나 연습 상황이 아닌 단 한 번의 실수도 용납되지 않는, 말 그대로 실전 상황이 벌어지고 있는 곳이 바로 사회다.

이렇듯 험난한 곳에서 자신이 가고자 하는 방향을 스스로 찾아서 장애물을 헤치고 앞으로 나아간다는 것은 쉽지 않은 일이며 피하고 싶다고 해서 피할 수 있는 일도 아니다. 성인이 된 이상 가장으로서, 직장인으로서 역할을 동시에 해내는 것이 힘들다고 해서 다시 어린 시절로 되돌아갈 수 없다. 물론 밀림 속에 도사리고 있는 위험을 피하기 위해 먼저 그 길을 가본 경험자로부터 조언을 받을 수는 있다. 하지만 그렇더라도 제대로 자신의 역할을 수행하기까지 수많은 시행착오를 감수해야만 하는 것은 불가피하다.

인생의 성공을 위한 필요조건은 자신이 하고 싶고, 좋아하고, 잘할 수 있는 직업을 선택하는 것이다. 성인의 첫 번째 발달과업인 '정체성'의 확립은 인생의 목표를 설정하는 데 가장 중요한 요소이며, 직업 선택에 매우 지대한 영향을 미친다. 정체성을 확립함으로써 자신의 소질이 무엇인지, 자신의 이상이 무엇인지, '무엇을' 하며 살아갈 것인지를 발견하고 자신의 미래를 설계할 수 있게 된다.

또한 성인의 두 번째 발달과업인 직업적 안정은 일을 통해 자신의 능력을 발휘하며 사회적으로 인정받는 것이다. 이러한 사회적 인정을 통해 부와 명예와 권한을 획득하게 된다. 직업에서 부와 명예와 권한을 얻는 것은 나이를 점점 먹어가면서 추구해야 하는 발달과업, 즉 친밀감의 발전, 생산성 과업, 의미의 수호자, 통합을 가능하게 하는 기초가 되기 때문에 직업적 안정이야말로 인생의 목표 중 가장 중요한 일이다.

경영에서 "행복한 노동자가 가장 생산적인 노동자다happy worker is

productive worker"라는 격언도 있듯이, 하고 싶은 일, 즐거운 일을 할 때 비로소 일의 수행도 원활하며 생산성도 높아진다. 그러나 여기서 짚고 갈 일은 자신이 좋아하고 잘 할 수 있는 직업을 선택했다는 것은 단지 인생의 목표 중에서 '무엇을' 할 것인지를 찾았다는 의미에 불과하다는 점이다. 다시 말해 무한경쟁과 적자생존의 법칙이 적용하는 정글 같은 현실에서는 자신이 좋아하는 직업을 가졌다고 해서 저절로 성공이 이루어지는 것은 아니라는 말이다.

자신이 좋아하고 잘 할 수 있는 일을 직업으로 선택한다는 것은 인생의 목표를 달성하기 위한 성공의 필요조건일 뿐이다. 설령 '무엇을' 할지 결정했다 하더라도 과연 그것을 '어떻게' 했느냐에 따라 결과는 달라진다. 따라서 자신이 선택한 직업에서 '어떻게' 할지가 성공의 충분조건이 되는 것이다.

04

성공의 충분조건

앞에서 우리는 자신이 좋아하고 잘 할 수 있는 직업을 선택하는 것, 즉 '무엇을' 할지를 결정하는 것이 성공의 필요조건이라고 했다. 그렇다면 선택된 직업을 '어떻게' 하느냐는 성공의 충분조건이 될 것이다. 치열한 경쟁 상황 속에서 능력을 발휘해 사회적 인정을 받고 자신이 세운 인생의 목표를 달성하려면 다음에 제시하는 성공의 충분조건들을 반드시 지켜야만 한다.

첫 번째 충분조건 : 해야 할 일이면 하기 싫어도 한다

자신이 하고 싶은 일만 하고 살 수 있다면 그보다 더 행복한 사람은 없을 것이다. 하지만 살다보면 항상 하기 싫은 일이 있기 마련이다. 만일 자신에게 주어진 역할과 그에 부과되는 일을 하기 싫다는 이유만으로 피하거나 미룬다면 그 결과는 말할 것도 없이 불이익으로 돌아올 수밖에 없으며, 결국 그 사람은 삶이라는 치열한 경쟁에서 낙오자가 되고 말 것이다.

내가 하기 싫은 일은 당연히 남들도 하기 싫은 법이다. 내 일을 처리하지 못하고 다른 누군가에게 전가한다면 그 일을 맡게 된 누군가로부터의 비난은 피할 길이 없다. 더욱이 이런 행동이 반복되면 될수록 인간관계에서도 갈등을 초래할 수밖에 없게 된다.

조직 내에서 이루어지는 많은 일들은 팀 단위로 이루어지는 게 일반적이다. 만일 이런 상황에서 내키지 않는다고 하기 싫은 일을 하지 않는다면 원만한 인간관계는 고사하고 정작 타인의 도움이 필요로 할 때조차 주변의 도움을 받지 못해 경쟁에서 밀려나 종국에는 일자리를 잃고 말 것이다.

이처럼 모든 사람의 내면에는 마땅히 해야 할 일인 줄 알면서도 하기 싫은 일은 하지 않고, 하고 싶은 일만 하려는 속성이 존재한다. 그래서 보상을 받기 위해 마지못해 하기 싫은 일을 했을 경우에는 일단 보상을 받고 나면 즉시 그 일에서 벗어나기를 바란다. 하기 싫은 일이란 그만큼 사람들에게 본능적 · 경험적으로 회피하고 싶은 것이기 때문이다.

따라서 자신의 사회적 역할에 부여된 '해야 할 일을 하기 싫어도 한다'는 것은 사회의 경쟁 대열에서 낙오하지 않고 자신의 현재 위치를 유지할 수 있는 현상유지의 조건이자 성공으로 가는 첫 번째 충분조건이 된다.

두 번째 충분조건 :
할 수 있는 일은 경쟁자보다 잘한다

자신이 선택한 직업이 비록 원하던 직업이 아닐지라도, 조직의 구성원이 되면 조직의 목표에 따라 각자에게 주어진 역할을 해나가야 한다. 각자에게 맡겨진 역할을 경쟁자들보다 잘 수행하면, 즉 자신이 해야 할 일을 경쟁자들보다 잘 해낸다면 조직으로부터 능력을 인정받아 자신의 역할이 커지거나 금전적 보상을 받게 된다. 역할이 커지게 되면 조직 내 지위도 올라가게 되고, 금전적 보상이 커지면서 경제적 지위도 높아지게 된다. 그렇다면 성공의 두 번째 충분조건, '할 수 있는 일은 경쟁자보다 잘한다'는 경쟁에서 남들보다 앞서기 위한 경쟁 우위의 조건이다.

업무 수행의 성과는 해야 할 일이 자신이 좋아하는 일인지의 여부에 따라 영향을 받게 되지만 현실적으로 볼 때 더 중요한 것은 경쟁자와 비교되는 능력이다. 즉, 제한된 시간 안에 경쟁자보다 훨씬 더 정확하게 많은 일을 해냄으로써 보다 나은 사회 · 경제적 지위를 얻게 되는 것이다.

그러나 이때 역시 따져봐야 할 것은 이러한 능력의 차이가 반드시 성공과 직결되는 요소인가 하는 것이다. 물론 단기적으로 볼 때 개인의 능력이 결과의 차이를 가져오는 일차적 원인이 될 수 있지만 좀 더 장기적인 관점에서 보면 꼭 그렇게 단정 지을 수만은 없다. 우리 주변을 둘러보면 능력이 있는데도 불구하고 해야 할 일을 하기 싫다고 하지 않는 사람을 쉽게 발견할 수 있다. 이는 개인의 능력이 있고 없고를 떠나 각자 가지고 있는 태도에 따라 행동 여부가 결정되는 경우가 많음을 보여 준다.

다시 말해 대부분의 사람들은 행동을 결정하기 전에 자신에게 주어진 일을 해낼 수 있는 능력이 있는지 없는지를 고려하지만 결국에는 '해야 할 일'이 '하고 싶은 일'인지 또는 '하기 싫은 일'인지에 따라 행동하게 된다. 그래서 이렇게 해야 할 일에 대한 잘못된 태도가 수십 년 동안 지속적으로 유지되다 보면, 어느새 태도는 자신이 갖고 있는 능력보다 일의 결과에 더 큰 영향을 미치는 원인이 되고 만다.

세 번째 충분조건 :
할 수 없는 일은 도움을 받아서 한다

사회나 조직의 구성원으로서 자신의 맡은 바 역할을 제대로 해내지 못할 경우 그 결과는 개인을 떠나 유기적으로 연관되어 있는 다른 부분에도 좋지 않은 영향을 초래한다. 사회나 조직 전체의 입장에서는 누군가 일을 제대로 하지 못하면, 다른 사람이라도 대신 그 역할을 해야 하기 때문에 능력 부족으로 '해야 할 일'을 할 수 없는 사람은 결국 그 역할에서 배제될 수밖에 없다. 그러므로 성인이라면 자신의 역할에 맞게 주어진 일에 대해서만큼은 능력 유무를 떠나 어떠한 경우에도 완수해내야 한다.

그렇다면 만일 자신에게 그 일을 수행할 능력이 없다고 판단될 경우는 어떻게 해야 할까. 앞서 우리는 성인의 발달과업 중 친밀감의 확대에 대해 말한 적이 있다. 즉, 자신의 능력이 부족할 경우 이를 보완해 줄 수 있는 조력자, 예를 들면 가족이나 친구, 선후배, 동료 등의 도움을 받을 수도 있고 사회생활을 통해 만들어지는 다양한 인맥을 통해 도움 받을 수도 있다. 성인의 발달과업인 친밀감 확대를 통해 폭넓은 인간관계를 형성하는 것은 자신의 능력을 확대할 수 있는 좋은 방법이 된다.

누군가 해야 되는 일이라면 어디엔가 반드시 할 수 있는 방법을 알고 있는 사람이 있기 마련이다. 그런 사람을 찾아서 도움을 받을 수만 있다면, 할 수 없는 일도 할 수 있게 되어 다른 사람보다 경쟁에서 앞서나갈 수 있게 된다.

성인이 자신만의 인간관계를 만들어나간다는 것은 경쟁에서 다른 사람과 차별될 수 있는 자신만의 능력이기도 하다. 이런 점에서 세 번째 충분조건은 능력 확대를 통하여 경쟁 우위를 차지할 수 있는 조건이라 볼 수 있다. 이때 조력자란 어디까지나 할 수 없는 일을 할 수 있게 도와주는 역할이지 그 일을 대신해주는 것이 아니라는 점을 명심해야 한다. 조력자가 제시하는 문제해결 방법은 어디까지나 조력자 자신의 지식과 경험에서 나온 것으로서 결코 모든 사람에게 그대로 적용되는 것이 아니다. 그러므로 할 수 없는 일을 하기 위해서는 조력자의 도움을 받아서 스스로 자신만의 문제해결 방법을 찾아내야 한다. 스스로 터득한 경험만이 또 다른 문제에 부딪혔을 때 해결할 수 있는 자신감과 성취감을 선사해준다.

여기서 잠깐

삼인행필유아사언(三人行必有我師焉)

삼인행필유아사언(三人行必有我師焉) 공자가 「논어」에서 한 말로, 세 사람은 우리의 인간관계를 비유한다. 세 사람은 나를 포함하여, 나보다 잘난 사람 그리고 나보다 못난 사람을 이른다. 우리 주변을 둘러보면 학식이나 지위가 높아 인품이 훌륭해 존경하고 배울 게 많은 사람이 있는가 하면, 부족하고 못난 사람도 많다. 하지만 살아가다 보면 비록 나보다 못나고 부족한 게 많은 사람일지라도 그들에게서 전혀 배울 것이 없는 것은 아니다. 그들의 어리석음이나 잘못된 행동이 나의 반면교사(反面教師, 사람이나 사물 따위의 부정적인 면에서 얻는 깨달음이나 가르침을 주는 대상)가 되어주기도 하고, 타산지석이 될 수도 있기 때문이다. 그런 점에서 공자의 이 말은 '나와 관계를 맺고 있는 주변의 모든 사람들이 나의 스승이다'라는 마음으로 바라보라는 의미로 해석할 수 있다.

처음부터 모든 일을 할 수 있는 사람은 없다. 그러므로 경쟁사회에서 해야 할 일을 두고 스스로 '할 수 없다'고 포기해버리는 것은 자신의 능력을 발휘해보지도 않고 처음부터 할 수 있는 기회를 포기하는 어리석은 행동이다. '할 수 있다'라는 긍정적 태도로 적극적으로 행동하면, 일을 통한 대인관계도 넓힐 수 있고 자신의 능력 범위도 확대할 수 있는 기회를 얻게 되는 것이다.

네 번째 충분조건 :
하지 말아야 할 일은 하지 않는다

사회에서 자신의 역할에 부여된 일이 평소 자신이 하고 싶은 일만 있다면 아마 이 세상에서 성공하지 못하는 사람은 단 한 명도 없을 것이다. 하지만 현실은 그렇게 녹록하지 않다. 하고 싶어도 할 수 없으며, 할 수 있어도 하지 말아야 할 일들이 수두룩한 것이 우리의 현실이다. 특히 하고 싶지만 해서는 안 되는 일들은 왜 그렇게 많은지, 간혹 그 욕구를 참지 못하고 할 수 있다는 자신의 능력만 믿고 일을 저지르는 사람들도 있다. 어리석게도 이들은 성공가도를 달리다가도 하루아침에 낭떠러지로 추락하고 만다. 얼마 전 대통령의 미국 방문을 수행하다 불미스런 일로 면직된 청와대 대변인의 경우가 아마 그 대표적인 예가 되지 않을까 싶다.

사회나 조직 구성원 모두에게는 주어진 역할이 있고 그 역할마다 해야 할 의무와 지켜야 할 규범이 존재한다. 그럼에도 부정한 방법으로 의무를 이행하지 않거나 규범을 위반할 경우, 그가 청와대 대변인이 아니라 그 이상의 지위에 있다 해도 사회 · 경제적 지위를 한순간에 잃어버리거나, 사회적 제재를 받을 수밖에 없다. 또한 청문회에 나온 공직자 후보가 자식과 관련된 병역특혜 문제나 불법상속 문제 등으로 원하던 공직에 오르기도 전에 낙마하는 것이 이와 같은 경우에 해당할 것이다.

누구에게나 '한때 잘 나가던 때'가 있기 마련이다. 대개 인간의 속성상 잘 나가게 되면 한 번쯤 자신의 능력을 과시하고 싶어진다. 그래서 간혹 자신의 능력을 과시 혹은 시험해보고자 '하지 말아야 할 일'을 해보고 싶은 유혹에 빠지게 된다. 성인군자가 아닌 보통 사람에게는 하기 싫은 일을 하는 것보다 하고 싶은 일을 하지 않는 것이 훨씬 어려운 일이다. 그래서 세상일이란 '성공하기는 어렵고 실패하기는 쉬운 법'이다.

결론적으로 '잘 나가던 때'가 계속 지속되지 못하고 '한때'로 끝나고 마는 것은 성공의 네 번째 충분조건, 즉 '하지 말아야 하는 일을 하지 않는 것'을 지키지 못했기 때문이다. 바로 이런 점에서 성공의 네 번째 충분조건은 성공의 조건인 동시에 실패하지 않기 위한 조건인 셈이다.

4부

해야 할 일과
하기 싫은 일,
할 수 없는 일

01

인간의 욕구에 대한 이해

욕구欲求란 사전적 의미로 "무엇을 얻거나 무슨 일을 하고자 바라는 일"을 뜻한다. 따라서 인간의 행동 이면에는 다양한 욕구가 내재되어 있으며, 이 욕구가 동기화動機化되면 행동으로 나타나게 된다.

매슬로Abraham H. Maslow(1908~1970)는 인간의 행동을 유발하고 유지하게 하는 가장 중요한 동인動因인 인간의 욕구를 연구한 유명한 심리학자다. 특히 그의 욕구단계이론은 인간욕구에 대한 지금까지 가장 대표적인 연구 업적으로 평가되고 있다.

매슬로의 욕구단계이론

인간의 동기를 설명할 때마다 가장 많이 거론되는 이론이 바로 에이브러햄 H. 매슬로의 욕구단계이론이다. 이 이론은 매슬로가 1943년에 발표한 '인간 동기 이론theory of human motivation'에서 처음 발표한 것으로서 인간의 욕구에는 위계적 · 계층적 질서가 존재한다는 의미를 담고 있어 일명 '욕구위계이론', '욕구 5단계설'로도 불린다.

매슬로의 욕구단계이론은 말 그대로 인간의 욕구에도 '위계hierarchy'가 있다는 것이 핵심 요지로서 이것을 그림으로 나타내면 피라미드 형상이 된다. 피라미드의 가장 아래쪽에 위치한 것이 가장 하위 욕구이고 위로 올라갈수록 상위 욕구에 해당된다. 매슬로에 의하면 인간의 욕구 중 어떤 것들은 다른 것들보다 우세prepotency하다. 그래서 다른 욕구보다 먼저 충족되어야 하는데 이 욕구는 피라미드의 제일 하단에 위치한다. 매슬로는 이 욕구들이 충족되어야 그 다음 단계의 욕구가 나타난다고 보았다.

피라미드의 가장 밑을 차지하는 것이 생리적 욕구physiological needs다. 생리적 욕구는 주로 의식주나 성욕(번식)에 관한 욕구로서 인간이 생명을 유지하기 위해 본능적으로 느끼는 욕구다. 생리적 욕구가 제대로 충족되지 않으면 인간은 다른 상위 단계의 욕구를 갖기 어렵다.

생리적 욕구가 충족된 후 나타나는 것이 안전 욕구safety needs다.

:: **매슬로의 욕구 5단계**

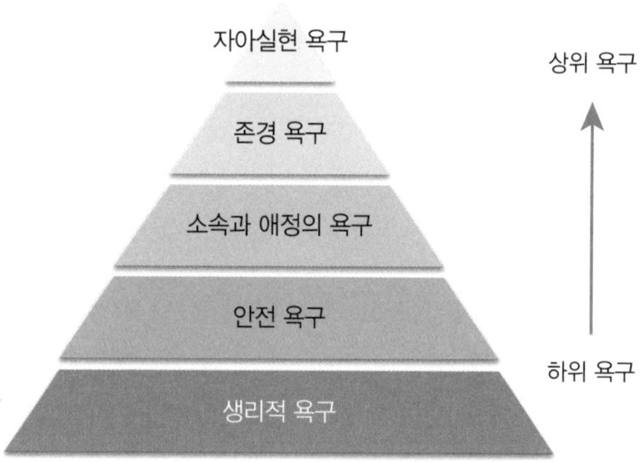

이 욕구는 공포, 위험, 무질서 등의 상황에서 벗어나 신체적 · 정신적인 안전을 추구하려는 욕구다. 재정적인 안정을 추구하거나 사고나 병을 막으려 하는 것 등이 모두 이 욕구에 해당된다.

그 다음 단계의 욕구는 소속과 애정의 욕구needs for belonging and love다. 사람들은 이 단계에서 타인과 대인관계를 맺으며 소속감이나 애정을 느끼고 싶어 한다. 다시 이 욕구가 충족되면 존경 욕구needs for self-esteem/respect의 단계로 넘어간다. 사람이라면 누구나 존중받고 싶고, 가치 있는 사람으로 인정받고 싶은 욕구가 있다. 이런 마음을 '자존감'이라고도 하는데, 이 욕구를 느끼는 단계에서 사람들은 권력, 명예, 지위상승 같은 욕구를 추구하게 된다.

매슬로의 욕구 피라미드에서 최상위를 차지하고 있는 욕구는 바로 자아실현 욕구self-actualization needs다. 이것은 개인이 태어날 때부터 갖고 있는 능력이나 개발의 여지가 있는 잠재력을 실행하려는 욕구로, 이것이 충족될 때 사람은 삶의 보람과 의미를 찾을 수 있다.

매슬로는 이 중에서도 생리적 욕구, 안전의 욕구, 소속과 애정의 욕구 그리고 존경의 욕구를 가장 근본적이고 핵심적인 욕구로 분류하고 이 네 가지 욕구가 충분히 충족되지 않거나 부족할 때 발생하는 욕구를 '결핍의 욕구deficiency needs'로 표현하고 있다. 사람들은 이 기본적인 네 가지 욕구가 충족되어야만 가장 상위 단계에 있는 '자아실현' 욕구에 대해 강한 열망을 갖게 된다. 매슬로는 기본적인 욕구 충족을 뛰어넘어 지속적인 성장을 위해 노력하는 사람들의 동기를 고차원적인 성장 동기로 보고 이를 '상위동기' 일명 '메타동기metamotivation'라고 불렀다.

매슬로가 주장한 욕구단계이론은 인간의 동기를 설명하는 기본적이고 보편적인 모형을 제시했다는 점에서 큰 의의가 있다. 그러나 욕구 피라미드에 포함된 각 욕구를 바라보는 관점에 대해 학자들의 이견이 제기되면서 매슬로의 욕구단계이론은 여러 비판에 직면해 있는 것도 사실이다.

대표적인 비판은 롤러와 서틀Lawler & Suttle(1972)의 이론으로서 롤러와 서틀은 욕구수준은 5단계로 세분화되어 나누어지기보다 낮은 수준의 생물학적 욕구biological needs와 높은 수준의 욕구가 포함된 전체적인 수준의 욕구global needs로 구분된다는 것이다. 또한 개인의 욕구가 정적인 맥락static context이 아닌 동적인 맥락dynamic context에서 설명되어야 한다는 비판도 있다.

에이브러햄 H. 매슬로(Abraham H. Maslow)

에이브러햄 H. 매슬로는 미국의 심리학자이자 철학자이다. 1908년 뉴욕 브루클린에서 태어나 위스콘신 대학교에서 심리학을 전공한 그는 1970년 세상을 떠날 때까지 학생들을 가르치며 수많은 저작을 남겼다. 그는 위스콘신 대학교에서 심리학을 전공하면서 당대 최고의 실험심리학자들로부터 실험 연구 훈련을 받았다. 유인원 연구로 유명한 해리 할로(Harry Harlow)가 매슬로의 지도하에 공부했으며, 행동주의 학자 에드워드 손다이크(Edward Thorndike) 밑에서 연구 조수로도 일했다.

매슬로는 공부하면서 행동주의 학자들이 삶에 접근하는 방식에 한계가 있음을 깨닫고, 1951년 브랜다이스 대학교 초대 심리학과 과장으로 재임 시 자신의 아이디어를 정리해 인간 본성에 관한 포괄적인 이론을 발표했다. 이 이론은 오늘날 사회학과 심리학적 사고의 수많은 영역에 영향을 미쳤다.

매슬로의 이론과 사상이 담긴 논문들은 그가 죽은 후 『인간 본성에 대한 심층적 연구(*The Farther Researches of Human Nature*)』라는 책으로 모아 출판되었다. 국내에 소개된 책으로는 『동기와 성격(*Motivation and Personality*)』(21세기북스, 2009), 『자기실현에 이르는 인간 행동과 욕구의 매니지먼트(*Toward a Psychology of Being*)』(문예출판사, 2005) 등이 있다. 『동기와 성격(*Motivation and Personality*)』의 경우 매슬로를 유명하게 만들어준 '욕구단계이론'의 구체적인 내용을 알 수 있는 책으로, 매슬로는 1954년에 출간된 이 책을 통해 전통적인 행동주의적 심리실험과 프로이트의 정신분석학을 인본주의적 관점에서 비판하고 인간의 동기를 전인적 시각에서 다시 살펴보았다. 『자기실현에 이르는 인간 행동과 욕구의 매니지먼트』는 1955년부터 1960년까지 매슬로가 강의한 내용과 발표한 여러 논문을 모아 1962년에 출판한 책으로 그의 대표작 중 하나로 평가받고 있다.

자료 출처: 온라인 서점 '알라딘' 책 소개 글 중에서 발췌

매슬로 이론을 보완한 앨더퍼의 ERG 이론

매슬로의 이론에 의하면 우리 인간의 욕구는 하위 단계의 욕구가 해결되어야 상위 단계의 욕구가 생기게 된다. 하지만 현실에서는 반드시 그렇지 않을 때도 있다. 예를 들어 배고픔을 참으며 예술혼을 불태우는 예술가들만 봐도 1단계의 욕구가 제대로 채워지지 않았음에도 불구하고 최상위 욕구인 자아실현의 욕구를 채우기 위해 인생의 전부를 걸기도 한다.

그래서 이러한 매슬로의 이론을 보완하기 위해 등장한 것이 클레이튼 앨더퍼Clayton P. Alderfer의 ERG 이론이다. 여기서 ERG 란 존재existence, 관계relatedness, 성장growth을 의미한다. 앨더퍼는 매슬로와는 달리 '욕구의 복합성'을 주장한다. 매슬로의 이론으로 보자면 배고픈 사람은 계속 밥 생각밖에 하지 않고, 집이 필요한 사람은 계속 집 생각만 해야 한다. 그 욕구가 해결되어야 다음 단계의 욕구를 가질 수 있기 때문이다. 하지만 앨더퍼는 욕구라는 것은 그렇게 단순하지 않고 매우 복합적이기 때문에 배가 고픈 사람이 동시에 집을 사고 싶은 마음이 들기도 하고, 여행을 떠나고 싶기도 하고, 누군가와 만나고 싶기도 하다는 것이다. 즉, 반드시 하위 단계의 욕구가 채워져야 상위 단계의 욕구를 느끼는 것이 아니라 동시에 이 모든 욕구들을 느낄 수 있다는 것이다.

앨더퍼의 이론에 의하면 한 가지 이상의 욕구가 동시에 작용할 경우 이것이 복합적으로 하나의 동기유발 요소가 될 수 있다. 그래서 앨더퍼는 매슬로의 욕구단계이론을 기초로 개인의 욕구 동기를 5단계가 아닌 3단계로 분류했는데 그것이 존재 욕구(*E*)–관계 욕구(*R*)–성장 욕구(*G*)다.

매슬로와는 달리 앨더퍼는 하위 단계의 욕구가 충족된 경우와 충족되지 못한 경우, 모두를 고려한 이론을 발전시켰다. 그리고 하위 욕구가 충족되면 상위 욕구 쪽으로 이동한다는 매슬로의 기본 입장에 상위 욕구가 충족되지 않고 좌절되는 경우, 하위 욕구를 만족시키려는 강도가 더 커진다는 주장을 덧붙였다. 즉, 매슬로의 욕구단계이론이 '만족–진행satisfaction-progression' 측면만 제시했다면, 앨더퍼의 ERG이론은 '만족–진행'으로 이루어지는 과정 이외에도 '좌절–퇴행frustration-regression'의 요소도 포함하고 있다. 그래서 앨더퍼의 이론은 매슬로의 이론보다 좀 더 인간의 욕구를 현실적으로 분석했다는 평가를 받고 있다.

이상에서 살펴본 대표적인 욕구이론에 따르면 인간은 태어나 성장기까지는 주로 본능적인 존재욕구의 충족에 집중하지만 성인이 된 이후 사회활동을 시작하면서부터는 관계욕구와 성장욕구를 추구하게 된다. 그리고 인간은 사회적으로 존중받고 자아실현을 하려는 성장욕구를 충족시키기 위한 실천행동을 통하여 자신의 사회적 · 경제적 지위를 향상시켜 나간다는 것을 알 수 있었다.

현실에서 자신의 욕구를 충족시키기 위해서 또는 인생의 목표를 달성하기 위해서 무엇인가를 하고자 할 때 반드시 '해야 할 일'과 당연히 '하지 말아야 할 일'을 만나게 된다. 왜냐하면 '해야 할 일'과 '하지 말아야 할 일'은 욕구의 충족이나 목표를 달성하기 위한 전제 조건으로 존재하기 때문이다.

인간의 존재욕구의 상당부분은 개인이 지닌 능력으로 혼자서 해결이 가능하지만 관계욕구나 성장욕구의 대부분은 타인과 상호작용을 통해서 충족이 이루어진다. 따라서 자신의 욕구를 충족시키려면 타인과의 관계에서 자신에게 부여되는 '해야 할 일'을 해야 하고 '하지 말아야 할 일'을 하지 말아야 한다. 그러나 일반적으로 보통 사람들은 '해야 할 일'을 하기 싫다는 이유나 할 수 없다는 핑계를 대며 하지 않으면서도 정작 '하지 말아야 할 일'에 빠져 있는 경우가 많다.

일상에서 비일비재하게 벌어지는 이러한 문제들을 자세히 들여다보면 '해야 할 일'인 줄 뻔히 알면서도 하기 싫다는 이유로 하지 않는 것은 개인의 태도에 따른 문제이며, 할 수 없다는 이유로 하지 않는 것은 개인의 능력과 관련된 문제임을 알 수 있다.

결국 자신의 욕구충족 또는 인생의 목표 달성은 하기 싫고 할 수도 없는 '해야 할 일'과 좋아하고 할 수 있지만 '하지 말아야 할 일'을 어떻게 해결하였는지에 따라 결정되는 것임을 알 수 있다. 그리고 성공한 사람과 실패한 사람에게서 찾아볼 수 있는 가장 큰 차이점 역시 '해야 할 일'과 '하지 말아야 할 일'에 대한 개인의 태도와 능력에 있음을 확인할 수 있다. 따라서 욕구의 충족 또는 목표달성의 전제조건인 '해야 할 일'과 '하지 말아야 할 일'이 우리의 태도와 능력에 따라 어떻게 '하기 싫은 일'과 '할 수 없는 일'로 변화되는지 살펴보는 것은 매우 중요한 일이 아닐 수 없다.

02

해야 할 일과 하지 말아야 할 일

욕구를 표현할 때 일반적으로 '나는 무엇을 하고 싶다I want to~', '나는 무엇이 되고 싶다I want to be~'고 말한다. 이렇듯 욕구에는 항상 '무엇'이 존재한다. 하지만 목적한 '무엇'을 획득하기 위해서는 반드시 '해야 할 일'과 당연히 '하지 말아야 할 일'이 있기 마련이다. 따라서 서로 상충될 수밖에 없는, 해야 할 일과 하지 말아야 할 일은 욕구를 충족하기 위한 전제조건으로 존재한다.

예를 들어 시험에서 좋은 성적을 내고 싶은(욕구) 학생이 있다고 하자. 자신의 욕구(목표)를 충족하기 위해서 이 학생은 반드시 공부를 해야 하지만 당장에 컴퓨터 게임을 하고 싶다면 지금 이 학생은 공부(해야 하는 일)와 컴퓨터 게임(하지 말아야 하는 일)이라는 서로 상충되는 행동 중에 선택해야 하는 상황에 놓이게 된다. 이와 같이 인간의 욕구에는 반드시 해야 할 일과 마땅히 하지 말아야 할 일이 동전의 양면처럼 공존하고 있다.

이번에는 욕구를 껍질을 벗겨내야 맛볼 수 있는 과일이라고 비유해보자. '해야 할 일과 하지 말아야 할 일'은 욕구를 둘러싸고 있는 껍질이고, 하지 말아야 할 일은 껍질에 붙어 있는 가시와 같다.

예를 들어 교수(욕구 충족=과실)가 되려면 반드시 전공과목에 필요한 학위를 받기 위해 논문(해야 할 일=껍질 벗기기)을 써야 하고, 다른 사람의 논문을 표절(하지 말아야 할 일=가시에 찔리는 것)해서는 안 되는 것이다.

이와 같이 모든 사람은 해야 할 일을 하지 않으면 욕구를 실현할 수 없고, 하지 말아야 할 일을 하게 되면 욕구충족의 기회를 잃게 된다.

:: 욕구의 과일

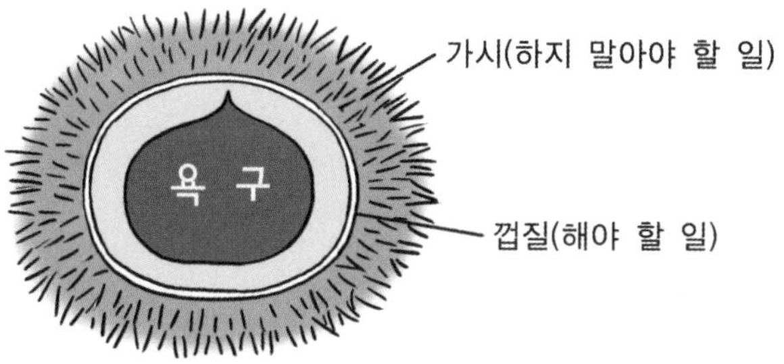

욕구의 과일나무

선택할 수 있는 수단이 많은 사람은 높은 곳에 열려 있는
맛있고 잘 익은 과일을 따먹을 수 있지만, 수단이 없는 사람은
낮은 곳에 열려 있는 맛없는 과일만 먹게 된다.
자신이 원하는 욕구를 충족시키기 위해서는
과일을 딸 수 있는 수단, 즉 능력을 갖춰야 한다.

매슬로의 욕구단계이론을 욕구의 과일나무로 표현해볼 수도 있다. 욕구의 과일나무는 욕구의 종류에 따라 과일의 맛도 다르고, 과일 껍질의 형태도 다르며, 과일이 열리는 높이도 각각 다르다. 따라서 원하는 과일을 따려면 필요한 수단 역시 달라진다. 선택할 수 있는 수단이 많은 사람은 높은 곳에 열려 있는 맛있고 잘 익은 과일을 따먹을 수 있지만, 수단이 없는 사람은 낮은 곳에 열려 있는 맛없는 과일만 먹게 된다. 다시 말하면 자신이 원하는 욕구를 충족시키기 위해서는 과일을 딸 수 있는 수단, 즉 능력을 갖춰야 하는 것이다.

해야 할 일

인간의 욕구는 '잠을 자고 싶다', '노래를 부르고 싶다' 등과 같이 '~을 하고 싶다'라는 구체적인 행위를 의미하기도 하고, '조용히 쉬고 싶다', '야구선수가 되고 싶다' 등과 같이 '~이 되고 싶다'로 표현되는 어떤 상태나 지위를 원하는 것으로 나타날 수도 있다.

여기서 추구하는 욕구가 보물 상자 안에 들어 있고 그 보물 상자는 여러 개의 관문을 열고 들어가야 하는 방 안에 놓여 있다고 가정해보자. 이때 '해야 할 일'은 보물 상자를 얻기 위해서, 즉 욕구를 충족하기 위해서 반드시 열고 통과해야 하는 관문이 된다.

통과해야 하는 관문의 개수와 크기는 욕구의 종류에 따라 달라지며 쉽게 열릴 수도 있고 그렇지 않을 수도 있다. 다양한 인간의 욕구만큼이나 열고 통과해야 할 관문, 그만큼 '해야 할 일'도 많다. 그리고 각자가 '해야 할 일'은 저마다 추구하는 욕구와 각자의 사회적 역할에 비례하므로 욕구와 사회적 역할이 커질수록 '해야 할 일'도 늘어나기 마련이다.

또한 사회적 역할에 따라 개인으로서 '해야 할 일'과 사회구성원으로서의 '해야 할 일'이 서로 상충될 수 있다. 생리적 욕구라면 '해야 할 일'을 하지 않으면 개인의 욕구가 충족되지 못하는 것으로 끝이지만, 조직원으로서 조직 내에서 주어진 '해야 할 일'을 해내지 못할 경우 조직의 욕구(목표) 충족은 물론 사회구성원으로서 자신의 역할까지 상실하게 되는 결과를 가져온다. 그 한 예로 국가적 재앙으로까지 되어버린 세월호 사건을 생각해보면 쉽게 이해할 수 있다. 선장은 선박조난 시 승객을 안전하게 대피시켜야 할 의무가 있음에도 불구하고 세월호 선장은 일단 자기만 먼저 살고 보자는 개인적 욕구가 우선해 승객들을 방치하고 배를 탈출함으로써 믿기 힘든 국가적 대재난을 야기했을 뿐만 아니라 결국 구속되어 자신의 모든 것을 잃게 된 것이다.

하지 말아야 할 일

욕구를 충족하는 과정에서 '하지 말아야 할 일'은 보물 상자가 들어 있는 방이 아니라 낭떠러지로 통하는 관문이라 할 수 있다. '하지 말아야 할 일'이란 문을 열고 들어가면 길을 잃고 헤매다가 결국 욕구의 충족(목표 달성)에 실패하고 만다.

사회구성원으로서 각 개인의 역할에 부여된 임무가 '해야 할 일'이라면, 임무 수행 시 당연히 지켜야 하는 규범norm으로서 '하지 말아야 할 일'이 있다. 사회구조가 복잡하고 경쟁이 치열해질수록 사회 안정과 공정한 경쟁을 위해 당연히 '하지 말아야 할 일', 즉 사회적 규범이 존재한다.

사회적 규범은 개인의 양심, 도덕, 관습, 법률 등으로서 만일 이러한 규범을 지키지 않을 경우 사회적 비난이나 법률적 제재를 감수해야 한다. 이때 받는 법률적 제재는 만인에게 평등하게 적용되지만 사회적 비난은 사회적 · 경제적 지위가 높을수록 비난의 강도도 더 높게 나타난다. 그 이유는 사회적 지위가 높을수록 그만큼 사회로부터 받은 혜택도 컸기 때문이다.

따라서 자신의 욕구를 충족함에 있어서도 결코 넘지 말아야 하는 선을 넘어서는 안 된다. 설령 그 욕구가 개인적인 것일지라도 타인의 욕구를 침해해서는 안 된다. 만일 자신의 집에서 휴식(욕구)을 취한다면서 음악을 크게 틀어 이웃에게 피해를 주었다면 당연히 개인

욕구 충족을 위해 거쳐야 할 관문

'해야 할 일'은 보물 상자를 열기 위해서 반드시 열고 통과해야 하는 관문이며, '하지 말아야 할 일'은 보물 상자가 들어 있는 방이 아니라 낭떠러지로 통하는 관문이라 할 수 있다.

의 욕구는 사회적 제재를 받아야 되는 것이다. 자신의 욕구를 충족하는 행위가 타인에게 미치는 피해 정도에 따라 사회적 제재의 크기도 달라진다.

이와 같이 사회구조가 점점 다양해지고 복잡해질수록 사회구성원으로서 개인이 해야 할 일이 점점 많아질 뿐만 아니라 그에 따른 규범, 즉 하지 말아야 할 일도 늘어날 수밖에 없다. 그러므로 현대사회에서는 개인의 욕구 충족의 가능성도 줄어들게 되고 동시에 스트레스는 증가하게 되는 것이다.

03

좋아하는 일과 싫어하는 일

동기와 태도

인간의 행동은 욕구에 대한 반응이다. 충족되지 못한 욕구가 행동하도록 동기를 부여하는 것이다. 매슬로는 욕구단계이론을 통해 사람에게 동기를 부여하는 욕구는 원시적인 욕구에서부터 진보된 욕구로 단계적으로 조직되어 있으며, 이때 충족되지 못한 욕구만이 행동을 유발하는 동기가 된다고 주장하였다.

충족되지 못한 욕구가 식욕, 성욕, 수면욕 같은 본능적 · 생리적인 욕구이거나 대부분 안전의 욕구라면 내적 추동drive, 즉 내적인 자극이나 충동에 의해 행동이 일어나게 된다. 추동은 생리적 결핍상태에서 만들어지는 사람 몸의 내적 상태를 말한다. 배가 고프면 밥을 먹고, 목이 마르면 물을 마시는 행동은 결핍(배고픔, 목마름)으로 인하여 생리적 균형이 깨지면서 내적 추동이 생성된 결과로 나타나는 것이다. 하지만 충족되지 못한 욕구가 사회적 인정의 욕구, 집단 소속의 욕구, 애정의 욕구, 성취의 욕구 같은 사회적 · 인격적 욕구라면 행동의도가 있어야 행동이 일어나게 된다. 이처럼 동기는 욕구의 종류에 따라서 내적 추동과 행동의도로 구분된다.

우리는 앞에서 욕구를 충족하기 위해서는 반드시 '해야 할 일'은 해야 하며, '하지 말아야 할 일'은 하지 말아야 한다는 것을 알았다. 그렇다면 과연 현실에서는 어떨까. 우리는 실제로 주변에서 반드시 '해야 할 일'인데도 하지 않고, 당연히 '하지 말아야 할 일'인데도 서슴없이 하는 이들을 자주 목격한다. 과연 무엇이 이들로 하여금 이렇게 행동하게 만드는 것이며, 사람마다 제각각 좋아하는 것과 싫어하는 것이 다른 이유는 무엇 때문일까?

그 이유는 다름 아닌 태도에서 찾을 수 있다. 어떤 심리학자는 태도를 "대상에 대한 긍정적이거나 부정적인 평가"라고 정의하기도 한다. 태도attitude는 특정 대상에 대한 좋고 싫음의 감정(평가)적 기능을 가지고 있는데 이러한 태도의 감정(평가)적 기능이 '해야 할 일'을 하기 싫게 만들기도 하고 반대로 '하지 말아야 할 일'을 좋아하는 일로 만들기도 한다. 사람마다 '좋아하는 일'과 '싫어하는 일'이 제각각 다른 이유는 태도의 형성과정에서 찾을 수 있다.

결론적으로 태도의 감정(평가)적 속성이 실제 행동을 일어나게 하는 동기(행동의도)에 영향을 끼침으로써 사람들로 하여금 좋아하는 일은 쉽게 하도록 하고, 싫어하는 일은 적극적으로 회피하도록 만드는 것이다. 그렇다면 어떻게 사람들의 태도와 행동이 일치하게 되는지 태도와 행동의 일관성에 대해서 알아보자.

태도와 행동의 일치

내적 추동에 의한 행동을 제외하고 인지적 판단을 전제로 하는 인간의 행동은 행동의도가 있어야 실제 행동으로 옮겨진다. 태도는 행동의도를 형성하는 데 영향을 끼침으로써 사람마다 일정한 행동을 일으키게 한다. 태도와 행동의도 간의 관계를 이해하며 태도와 행동의 일관성을 알아볼 수 있는 이론으로 합리적 행위 이론theory of reasoned action과 계획된 행동 이론theory of planned behavior이 있다.

합리적 행위 이론

피시바인과 에이젠Fishbein & Ajzen(1975)에 의해 처음 대두된 이 이론은, 사람은 이성을 근거로 합리적인 행동을 하는 동물로서 행동의도가 있어야 행동을 한다는 전제를 깔고 있다. 즉, 어떤 사람의 행동에 직접적인 영향을 미치는 행동의도는 행동에 대한 태도와 주관적 규범에 의해서 결정되는데 이것을 방정식으로 정리하면 다음과 같다.

$$BI = (AB)W1 + (SN)W2$$

이때, BI는 행동의도Behavior Intention, AB는 행동에 대한 태도Attitude toward Behavior, SN은 주관적 규범Subjective Norm을 의미하며 $W1$, $W2$는 각 개인이 태도와 주관적 규범에 대해 부여하는 가중치를 의미한다.

즉, 태도는 행동에 대한 신념과 평가에 의해 만들어지는데, 주관적 규범은 중요한 타인의 의견을 어느 정도 승인하는가와 그 타인의 뜻에 따르려는 순응 동기에 의해 결정된다(그림 참조). 합리적 행위 이론에 따르면 사람들이 어떤 행동에 대해 긍정적인 태도를 가지고 있고, 자신에게 중요한 주변 사람들이 그 행동을 용인해 줄 때(주관적 규범), 행동의도(동기)가 높아진다고 했다.※

:: **합리적 행위 이론**

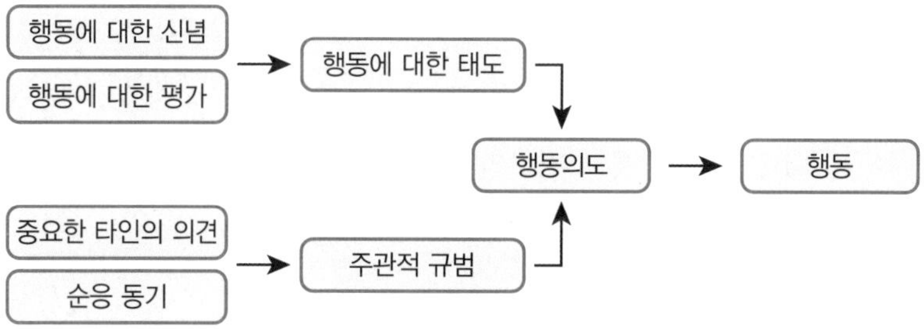

자료 출처: 『설득심리이론』, 김재휘, 커뮤니케이션북스, 2013.

※ 『설득심리이론』, 김재휘, 커뮤니케이션북스, 2013.

한마디로 합리적 행위 이론에서의 태도는 특정 행동에 대해 개인이 가지고 있는 신념과 이 신념에 대한 평가로 이루어진 함수다. 예를 들어 어떤 행동을 하고자 할 때 그 결과가 긍정적일 것으로 예상되면, 그 평가가 대한 기대가 높아져 긍정적인 태도가 형성되는 것이다.

주관적 규범이란 3~4명 정도의 행위자 주변 사람들(3~4명 정도)이 내린 평가를 말한다. 다시 말해 주관적 규범은 행위자에게 중요한 의미가 있는 준거 집단의 의견을 행위자가 어느 정도 지각하고 있는지를 의미하는 것으로 일반적으로 사회적 영향력 혹은 사회적 압력으로 표현되기도 한다.

계획된 행동 이론

계획된 행동 이론theory of planned behavior은 행동의도로 온전히 행동을 예측할 수 없다는 합리적 행위 이론의 한계를 수정하고 보완한 모델이라고 할 수 있다. 에이젠Ajzen(1985)은 행동의도를 행동에 대한 태도와 주관적 규범으로 설명했던 기존의 합리적 행위 이론에 '행동에 대해 지각된 통제감'이라는 제3의 변수를 추가해 태도와 행동의 관계를 조금 더 정교하게 예측하고자 했다.

계획된 행동 이론에 따르면, 행동을 예측하는 행동의도는 행동에 대한 태도와 주관적 규범, 그리고 자신이 실제로 그 행동을 수행하거나 통제할 수 있는지, 주관적 지각을 의미하는 행동에 대해 지각된 통제감perceived behavior control의 함수에 해당한다. 행동이 실제로 발생하려면, 행동을 하고자 하는 행동의도(동기)뿐 아니라 실제 행동을 할 수 있는 능력도 필요한데 이를 계획된 행동 이론에서는 '행동에 대한 지각된 통제감'이라고 한다.

'행동에 대한 지각된 통제감'은 자신이 대상 행동을 실제로 얼마나 잘 수행하고 통제할 수 있는지에 대한 주관적 평가로, 상황적인 제약 등에 의해 행동의도가 행동을 온전히 설명할 수 없다는 한계를 극복하기 위한 것이다.

행동하고자 하는 의도를 실제 행동으로 옮기기 위해서는 동기적 요소뿐만 아니라 행동을 하기 위한 기회나 자원(시간, 돈, 기술, 타인과 협동 등)들도 중요한 영향을 미치며, 이러한 요소들은 행동에 대한 개인의 통제감에 영향을 미치게 된다.

:: 계획된 행동 이론

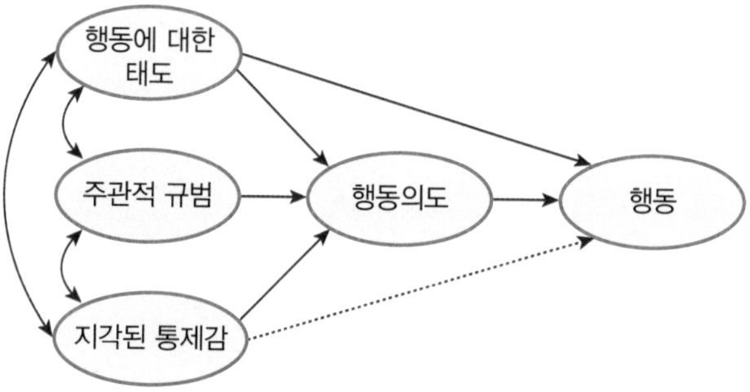

자료 출처: 『설득심리이론』, 김재휘, 커뮤니케이션북스, 2013

태도와 행동은 일치할 수도 있고 일치하지 않을 수도 있다. 하지만 학습이나 경험을 통해 한번 사람이 갖게 된 강한 태도나 극단적인 평가는 평생 동안 쉽게 변하지 않는다. 주변 사람의 권유나 사회적 압력 같은 주관적 규범도 직접 경험을 해봐서 형성된 태도이거나, 자신의 이익과 직접적인 연관이 있어서 만들어진 태도에는 거의 영향을 미치지 못하는 경우가 많다.

태도는 이렇게 평가적 속성을 가지고 있기 때문에 학습과 경험을 통하여 만들어진 강한 태도는 행동의도(동기)에 영향을 주어 사람들로 하여금 자기가 좋아하는 일만 하고 싫어하는 일은 회피하게 만드는 것이다.

한걸음 더

구체적 사례로 본 계획된 행동 이론

계획된 행동 이론을 실제 생활에 적용해서 생각해보자.

안정된 직장을 가진 커리어우먼 A양은 결혼자금도 어느 정도 모아둔 상태로서 여러 번 소개팅도 해보았지만 아직 마땅한 결혼 상대를 구하지 못하고 있었다. 게다가 A양은 30살을 눈앞에 둔 상태라 시집가라는 주변의 압력에 부쩍 시달리고 있다. 그러던 차에 지난 명절 때 A양의 어머니는 B군의 사진을 보여주면서 놓치기 아까운 혼처이니 맞선을 보라고 권유했다. B군은 키도 크고 잘 생겼으며, 좋은 대학을 나와 대기업에 다니고 있어 나름 괜찮은 조건의 상대자였다. 다만 한 가지 외아들이라는 것이 흠이라면 흠인 정도였다.

이때 B군은 '놓치기 아까운 혼처'라는 어머니의 권유는 계획된 행동 이론에 의하면 '주관적 규범'이 된다. 그리고 조건으로만 보자면 B군은 누가 봐도 괜찮은 신랑감이지만, A양은 B군의 준수한 외모와 자신에 비해 좋은 학벌에 약간 부담을 느꼈으며 결정적으로 외아들이라는 것이 마음에 들지 않아 맞선을 보라는 어머니의 권유를 받아들이지 않았다.

여기서 A양이 느낀 B군의 외모와 학벌에 대한 부담감은 '행동에 대한 지각된 통제감'이라 할 수 있으며, 외아들이라는 조건에 대한 A양의 비호감은 'A양의 태도'라 할 수 있다. 결국 어머니의 권유와 B군의 좋은 조건에도 불구하고 'A양의 태도'가 행동의도에 영향을 미침으로써 맞선은 이루어지지 않았다.

좋아하는 일과 싫어하는 일

사람들은 자신의 욕구를 충족시키기 위해서 무엇을 해야 하는지 대체로 잘 알고 있다. 하지만 막상 일을 시작하면 자신이 싫어하는 일은 절대 하지 않으려 한다. 그 일을 해야만 자신의 욕구가 충족될 수 있다는 것을 뻔히 알면서도 이처럼 일정한 태도를 유지하는 심리적 근거는 과연 무엇일까.

문제가 되는 어떤 사람의 행동이 특정한 사람이나 상황에서만 나타나는 일시적인 것이 아니라, 언제 어느 상황에서든 그의 태도가 반복적이고 일관성 있게 나타날 때 우리는 보통 이것을 그 사람의 '성격'이라고 표현한다. 그 이유는 태도가 성격을 구성하는 중요한 요소이기 때문이다.

성격은 한 사람의 정체성을 이루고 있는 생각, 판단, 감정 반응의 패턴(태도)으로 오랫동안 반복적으로 지속되며 어떤 환경에도 일관되게 나타난다. 성격은 타고난 기질, 즉 성질과는 구분된다. 기질적 특성은 태어나면서부터 크게 변하지 않지만, 성격은 10대 때부터 서서히 형성되기 시작하여 경험과 환경의 영향을 받으며 20대에 이르러서는 대부분 완성되며 그 후로는 거의 변하지 않는다. 심리학에서는 사람의 성격은 개인이 과거에 강화받은 역사에 의하여 또는 실제로 반응해보지 않고서도 다른 사람의 행동을 관찰하는 사회모방을 통하여 학습된 습관들의 종합으로 본다.

사람의 성격이 학습에 의해 형성되는 것처럼 개인의 태도도 학습을 통해 형성된다. 성장과정에서 행동의 강화과정이나 사회학습을 통해 태도를 습득하게 되는데, 어떤 행동에 대해서 보상을 받게 되면 그 행동에 대해서 긍정적인 태도를 갖게 되고 처벌을 받게 되면 부정적 태도가 형성된다. 이러한 태도의 감정적(평가적)속성이 욕구가 동기화되는 과정에서 '해야 할 일'에 대해 평가적 기능을 하기 때문에, 좋아하는 일은 행동으로 옮기게 되고, 하기 싫은 일은 행동하지 않게 된다.

학습을 통해 형성된 개인의 태도는 성격과 마찬가지로 쉽게 변하지 않는다. 자신의 태도와 다르게 주변의 권유나 사회적 압력으로 싫어하지만 마지못해 억지로 하는 경우에는 행동의 지속성을 기대할 수 없다. 이와 같이 학습과 경험을 통하여 만들어진 강한 태도가 해야 할 일을 좋아하는 일과 싫어하는 일로 구분 짓게 한다.

사람들이 해야 할 일을 좋아하는 일과 싫어하는 일로 구분하는 또 다른 이유는 생존적 욕구(생리적 욕구와 안전의 욕구)의 충족 여부 때문이다. 속담에 '금강산도 식후경'이라는 말이 있다. 생리적 욕구인 배고픔이 해결되지 않는 상태에서는 아무리 좋은 경치라도 보고 싶은 생각이 사라진다. 몸매를 가꾸기 위해 다이어트를 결심하고서도 좋아하는 음식 앞에서 오래 버티지 못하는 경우처럼 몸매보다 식욕이 우선인 것이다.

또한 사람들은 두려움이나 혼란스러움이 아닌 평상심이나 질서를 유지하려는 안전의 욕구, 즉 불확실한 것보다 확실한 것, 낯선 것보다 익숙한 것, 불안한 것보다 안정적인 것을 선호한다. 아무리 재미있고 짜릿한 쾌감을 주는 롤러코스터라도 안전을 위협한다면 공짜로 타라고 해도 절대 타지 않을 것이다.

'평양감사도 제 싫으면 그만이다'라는 속담도 있듯이 아무리 좋은 일이라도 자기가 싫으면 그만인 것이다. 사람들은 본능적 추동이나 과거의 학습과 경험으로 형성된 태도에 따라 쾌락적인 결과를 가져오는 일은 좋아하고, 불안이나 질서를 깨뜨리는 일은 싫어한다. 이러한 태도의 단순한 속성 때문에 좋고 싫음에는 이유를 따질 수 없는 것이다.

여기서 잠깐

중세 유럽의 어떤 공사장에서 있었던 이야기다. 그곳에는 벽돌을 나르는 노동자 두 명이 있었는데 한 사람은 곧 죽을 것 같이 어두운 표정으로 일하고 있었고, 다른 한 명은 밝은 표정으로 일하고 있었다. 어두운 표정으로 힘겹게 일하는 벽돌공에게 물었다. "지금 무슨 일을 하고 있습니까?" 그 사람은 대답했다 "보면 모르겠소. 벽돌을 나르고 있지 않소" 옆에서 일하는 밝은 표정의 노동자에게 같은 질문을 했다. 그 사람은 "지금 성당을 짓고 있습니다"라고 대답했다. 이 이야기는 같은 일이라도 일을 대하는 태도에 따라 힘든 일이 즐거운 일로 바뀔 수 있음을 상징적으로 보여준다.

자료 출처: sgstudio의 블로그 글 중에서 발췌 · 정리

04

할 수 있는 일과 할 수 없는 일

동기와 능력

자신의 욕구를 충족시키려면 욕구 충족에 필요한 대상과 그 대상을 획득할 수 있는 수단이 있어야 한다. 배가 고프면 먹을 수 있는 음식이 있어야 되고 음식을 만들거나 사먹으려면 돈이 있어야 되고, 가수가 되어 유명해지고 싶다면 타고난 음악적 소질이 있어야 함은 당연한 것이다. 모든 사람들이 경쟁적으로 돈을 벌려고 하는 이유는 돈이 '욕구를 실현할 수 있는 수단', 즉 욕구 대상을 획득할 수 있는 능력을 주기 때문이다. 현대사회에서 황금만능주의가 횡행하는 이유도 돈으로 직접 다양한 욕구를 충족시킬 수 있고, 돈이 많을수록 욕구 충족에 필요한 수단인 개인의 능력을 키울 수 있기 때문이다.

인간의 능력은 어떤 행위를 실제로 수행하는 신체적·심리적 힘을 말한다. 이러한 인간의 능력에는 부모로부터 물려받은 생득적 능력(지능, 체력 등)과 학습을 통해 얻어지는 후천적인 능력(학력, 재력, 인간관계 등)이 있다. 그리고 자신의 부족한 능력을 보완해줄 수 있는 조력자로서의 인간관계 역시 중요한 능력으로 인정된다. 흔히 말하는 어머니의 정보력과 할아버지의 재력이 자녀의 대학입시에 당락을 결정한다는 씁쓸한 이야기는 바로 조력자와의 인간관계가 능력임을 반증해준다고 하겠다.

계획된 행동 이론에 의하면 행동의도를 실제 행동으로 옮기려면 동기가 되는 요소뿐만 아니라 행동하기 위한 기회나 자원(시간, 돈, 타인의 협력 등)들도 중요하다. 예를 들면 해외여행을 가고 싶지만 여행경비가 없으면 갈 수 없는 것과 같은 상황이다. 이러한 요소들은 자신이 행동을 수행할 수 있다고 믿는 수준을 의미하는 행동에 대한 지각된 통제감에 영향을 주어 '해야 할 일'을 '할 수 있는 일'과 '할 수 없는 일'로 구분하게 하고 '할 수 없는 일'이면 하지 않게 만든다.

흔히 행동하기 위한 기회나 자원(시간, 돈, 타인의 협력 등)을 많이 가지고 있는 사람을 '능력 있는' 사람이라고 한다. 욕구를 실현할 수 있는 수단이 되는 기회나 자원, 즉 능력이 클수록 행동에 대한 지각된 통제감은 커지게 되며, 행동에 대한 지각된 통제감이 커질수록 행동의도(동기)의 수준도 높아진다. 이와 같이 개인의 능력은 행동에 대한 지각된 통제감으로써 행동의도(동기)에 영향을 미친다.

행동에 대한 지각된 통제감은 심리학자 앨버트 밴두러Albert Bandura가 말한 자기효능감self-efficacy과 비슷한 의미다.

자기효능감이란 '특정한 상황에서 자신이 적절하게 수행해낼 수 있다고 믿는 신념'이다. 스스로 '노력해봤자 안 된다'라고 생각한다면 시도조차 하지 않게 된다. 자신이 없으면 그 상황을 피하는 것이다. 자기효능감의 유무에 따라 실제로 자신에게 능력과 욕구가 있더라도 필요한 행동을 하지 않기도 하고, 자신에게 그러한 능력이 없다고 생각되더라도 과제를 끝까지 해냄으로써 성공하기도 한다.

우리는 살아가는 동안 여러 가지 어려움에 봉착할 때, 얼마나 더 노력해야 하는지, 얼마나 더 지속해야 하는지를 놓고 고민에 빠진다. 그럴 때 결정의 기준이 되는 것은 당연히 자신이 가진 실제 능력이 될 것 같지만, 의외로 우리가 쉽게 의존하는 것은 자기효능감이다. 또한 '할 수 있는 일'과 '할 수 없는 일'에 대한 판단도 실제 능력보다 자기효능감에 달려 있다.

행동에 대한 지각된 통제감은 태도에도 영향을 미친다. 사람들은 행동 통제력이 없어서, 즉 능력이 없어서 하고 싶지만 할 수 없다는 판단이 들 때 '할 수 없다'는 표현 대신에 보통 '하기 싫다', '안 한다'는 표현을 사용한다. 일상에서 이런 표현들이 자주 사용되는 이유는 자신의 능력이 부족하여 '할 수 없다'는 사실을 굳이 상대방에게 알리고 싶지 않기 때문이다. 이럴 경우 행동에 대한 지각된 통제감이 태도에 영향을 주어 '할 수 없다'고 생각하는 일을 '하기 싫다'고 표현하는 것이다.

앨버트 밴두러

1925년 캐나다 앨버타 주(州)의 시골 마을인 문데어에서 태어난 앨버트 밴두러(Albert Bandura)는 1949년 브리티시컬럼비아 대학교를 거쳐 미국 아이오와 대학교에서 심리학으로 석 · 박사 학위를 받았다. 이듬해 스탠퍼드 대학교 심리학과 교수로 몸담은 이후 오랫동안 스탠퍼드 대학교에서 일했다. 그는 사회학습이론(Social Learning Theory)의 주창자로 현대 교육심리학 분야에서 아주 중요한 인물이다. 그는 아이오와 대학교 시절, 학습이론가인 케네스 스펜스(Kenneth Spence)의 영향을 받아 행동수정이론 · 관찰학습 · 자기효능 등에 관해 연구했다. 그리고 1959년 아동의 공격성에 관한 내용을 다룬 첫 책 『청년기의 공격(*Adolescent Aggression*)』을 출간했다.

이어 1963년 리처드 월터스(Richard Walters)와 함께 작업한 『사회학습과 성격발달(*Social Learning and Personality Development*)』을 출간한 뒤, 1977년 현대 교육심리학 분야의 역저로 꼽히는 『사회학습이론』을 출간했다.

사회학습이론은 사람의 행동은 다른 사람의 행동이나 어떤 주어진 상황을 관찰하고 모방함으로써 이루어진다고 설명한다. 밴두러는 이를 '관찰학습'이라 정의하고, 관찰학습에 모방이라는 범주까지 포함시켰다. 관찰학습에는 관찰한 것을 모방하는 모방학습뿐만 아니라, 어떤 상황을 관찰했지만 모방하지는 않는 학습까지도 포함된다. 밴두러는 이러한 학습이 인지적인 과정 때문이라고 설명한다. 따라서 사회학습이론에서는 밖으로 드러나는 행동에만 초점을 맞추는 행동주의 학습이론과 달리, 인간의 내면에서 일어나는 인지과정도 중시한다. 다시 말해 관찰학습을 통해 형성된 정보는 자기효능감이라는 강화(强化)를 통해 필요성이 있을 때 행동으로 옮겨진다. 사회학습이론에서는 다른 사람의 행동, 인지구조 등을 중시하는 것 외에 대중매체를 통해 제시되는 모델, 여러 환경의 상호작용 등도 중요한 학습 요인으로 다룬다.

자료 출처: 네이버 지식백과 '두산백과'

할 수 있는 일과 할 수 없는 일

하고 싶은 일을 하려면 우선 그 일을 할 수 있는 능력이 있어야 한다. 능력은 욕구의 열매를 딸 수 있는 수단이기도 하고 욕구실현을 위해 반드시 통과해야 하는 관문이기도 하다.

능력은 어떤 행위를 실제로 수행하는 신체적 · 심리적 힘을 말하는 것으로서 각종 과제를 수행하는 데 필요한 일반적이고 공통적인 능력과 음악, 미술, 운동 등과 같이 특수 과제에 필요한 특수 능력으로 구분된다. 능력에는 타고난 것(지능, 체력 등)과 후천적으로 학습(학력, 인간관계 등)된 것이 있다. 먼저 후천적 능력의 기초가 되는 타고난 지능에 대해서 알아보기로 하자.

지능지수(IQ, Intelligence Quotient)

IQ 검사는 프랑스의 심리학자 알프레드 비네Alfred Binet가 1905년에 개발한 검사를 토대로 발전한 것이다. 초기 지능검사는 프랑스 정부가 산업혁명 이후에 공교육 비중이 높아지면서 아이들의 학업 성취도와 적합성을 판정할 목적으로 개발을 의뢰해서 탄생했다.

IQ는 정신연령을 생물학적 연령으로 나눈 후 100을 곱해서 산출한다. 원래 지능검사의 목적은 천재와 영재를 찾아내는 것이 아니라, 숨어 있는 학습부진아나 정신지체아를 찾아내 특수교육이나 개별교육을 실시해 도움을 주기 위한 것이었다. 그래서 IQ 검사는 그 목적상 낮은 점수에서 더 변별력이 있다.

보통 IQ가 높은 사람들을 천재라고 부르는데, 그렇다면 과연 IQ가 높은 사람들은 모든 영역에서 다 뛰어난 모습을 보일까? 바로 영화 '뷰티풀 마인드'가 우리의 이런 의문에 답을 주었던 영화다.

이 영화의 주인공 내쉬는 실제인물로서 게임이론의 기초를 다진 천재수학자다. 하지만 내쉬는 인간관계에서는 완전 빵점인 인물이었다. 친구도 사귀지 못하고 자신을 좋아하는 여자가 다가와도 그것이 무슨 의미인지도 알지 못한다. 지능지수는 여러 가지 세부영역으로 나뉘어져 있다. 좋은 머리를 타고난 것은 분명 축복받은 일이긴 하지만, 머리가 좋은 사람이 반드시 성공하고 행복한 것은 아니다. 오히려 어느 정도의 학습능력을 가능케 하는 지능지수와 사회적 관계를 형성할 수 있는 공감능력, 스트레스에 대한 참을성, 창의적 생각을 할 수 있는 유연한 사고력 등을 고루 갖춘 사람일수록 성공과 행복한 삶을 누릴 가능성이 높다.

성공지능(Success Quotient)

IQ 점수와 학교 성적만으로는 인간의 능력을 설명할 수 없자 새롭게 등장한 것이 로버트 J.스턴버그가 제시한 '성공지능Success Quotient' 개념이다.

스턴버그는 어떤 사람의 성공지능은 분석적, 창의적, 실천적, 이 세 가지 측면의 기능이 균형을 이룰 때 높아진다고 했다. 성공지능이론에 의하면 분석적 지능은 주로 기존의 지능검사가 다루고 있는 능력을 의미하는 것으로 문제를 해결하고 아이디어의 질을 판단하는 데 필요하다. 하지만 문제점과 아이디어를 파악하고 새로운 것을 고안하는 데는 창의적 지능이 필요하다. 그리고 훌륭한 아이디어와 분석방식을 실제 일상생활에서 활용하려면 실천적 지능이 필요하다. 스턴버그는 이 세 가지 측면의 능력을 가지고 있는 것이 중요한 것이 아니라, 그것을 적절한 시기에 적절하게 사용할 줄 아는 사람이 성공지능이 높은 사람이라고 했다.*

또한 성공지능은 어떤 목표를 달성하려는 노력을 기울일 때 발휘

:: 지능의 세 가지 측면

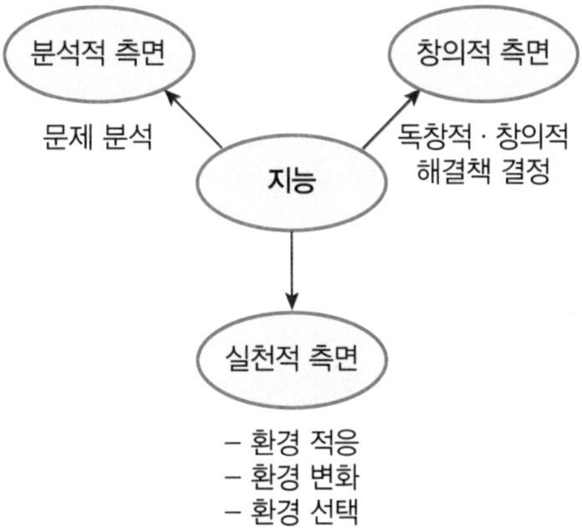

→"분석+창의+실천"이 균형을 이루는 사람이 성공가능성이 높다.

* 『브레인 스트레칭』, 정종진, 웅진윙스, 2006.

되는 것이기 때문에, 분석적 · 창의적 · 실천적 능력을 사용하는 시기와 방법에 대한 문제가 중요하다고 보았다.

성공지능이론에서 지능은 한 번의 검사수치로 평생 그대로 남는 것이 아니라 변할 수 있고 개발될 수 있는 것으로 본다. 또한 지능을 '고저'의 문제가 아닌 '균형'의 문제로 설명하는데 이 이론에 따르면 분석, 창의, 실천지능이 균형을 이루는 사람일수록 성공가능성이 높은 것으로 평가한다.

잠재력

사람들이 해야 할 일을 두고 '할 수 있는 일'과 '할 수 없는 일'로 구분하는 기준은 주관적인 행동통제력에 대한 지각이다. 하지만 개인이 지각하는 행동통제력은 실제 능력의 크기와 일치하지 않는다. 능력의 크기는 어떻게 생각하느냐에 따라 달라질 수 있다. 보통 부모들은 자식에게 '넌 왜 해보지도 않고 못한다고 하느냐'는 말을 자주 하는데, 이 말은 자식의 능력에 대한 잘못된 지각을 지적하는 말이다.

능력은 행동이 일어나는 시점을 기준으로 행동에 대한 지각된 통제감과 실제적으로 일을 수행하는 능력으로 구분할 수 있다. 예를 들어 어떤 사람이 타고 다니던 차를 신형으로 교체하려고 고민하고 있는 경우, 새 차를 살 수 있는 그 사람의 경제적 능력은 실제적인 구매행동이 일어나기 전에는 차를 살지 말지를 결정하는 행동의도에 영향을 주는 행동통제력이지만 새 차를 사게 되면 구매능력, 즉 새로

구입하는 차의 종류와 크기를 결정하는 수행능력이 되는 것이다.

그리고 개인이 지각하고 있는 행동통제력과 실제적인 수행능력은 잠재력의 일부분에 불과하다. 어느 누구도 자신이 갖고 있는 잠재된 능력의 크기를 알지 못한다. 밖으로 드러나지 않는 능력, 즉 잠재력은 위급하거나 절박한 상황에서 본인도 모르게 발휘되는 경우가 많다. 이를테면 홍수를 만나 집이 떠내려가는 상황에서 자식을 살리려 물에 뛰어든 어머니가 바로 이런 경우다. 이런 뉴스를 볼 때마다 위급할 때 발휘되는 인간의 잠재력이 얼마나 대단한지 새삼 놀라지 않을 수 없다. 결혼 전에는 파리 한 마리 잡지 못하던 여자가 출산을 하면 바퀴벌레도 손으로 척척 때려잡는 것처럼 역할에 따라 발휘되는 실제 능력의 크기도 달라지는 것이다.

이상에서 살펴본 것처럼 인간의 능력(지능, 인간관계, 잠재력 등)은 그 크기를 측정할 수 없을 만큼 무한하다. 다만 자신이 어떻게 그 능력을 지각하는지에 따라 '할 수 있는 일'과 '할 수 없는 일'로 구분되며 '할 수 있는 일'의 크기가 정해질 뿐이다. 그러나 누구에게나 현재의 능력으로 '할 수 있는 일'이 있고 '할 수 없는 일'이 존재한다. 현실적으로 능력이 부족하여 '할 수 없는 일'을 부끄러워하거나 숨길 필요는 없다. 자존심을 지키기 위해 '할 수 없는 일'을 할 수 있지만 '하기 싫은 일'이라서 하지 않을 뿐이라고 핑계를 대다 보면 스스로 자신의 잠재력을 개발할 수 있는 기회를 놓치게 된다. 비록 지금은 할 수 없지만 노력하면 언젠가는 '할 수 있는 일'이 되는 것이다.

05

욕구의 충족, 보물 상자 캐기

사람들이 추구하는 욕구(인생목표 또는 발달과업)가 들어 있는 보물 상자가 땅속에 묻혀 있다고 비유해보자. 보물 상자 안에는 인간이 살아가기 위해 필요한 생존적 욕구뿐만 아니라 사회적 존재로서 추구하는 관계의 욕구와 성장의 욕구들이 들어 있기 때문에 누구나 살아가기 위해서는 땅속의 어떤 보물 상자든지 선택해서 캐내야 한다. 그리고 사람들은 보물 상자가 묻혀 있는 위치를 학습을 통해 알고 있으며, 보물 상자는 욕구의 종류와 희소성에 따라 묻혀 있는 장소와 깊이가 다르고 상자의 개수도 다르다.

보물 상자들이 묻혀 있는 땅속의 흙은 욕구실현을 위한 '해야 할 일'과 '하지 말아야 할 일'이다. 이때 보물 상자를 캐내기 위해 캐내야 할 흙이 '해야 할 일'이고, 캐내지 않고 남겨두어야 할 흙이 '하지

욕구 충족을 위한 보물 상자 캐기

보물 상자들이 묻혀 있는 땅속의 흙은 욕구실현을 위한
'해야 할 일'과 '하지 말아야 할 일'이다.
이때 보물 상자를 캐내기 위해 캐내야 할 흙이 '해야 할 일'이고,
캐내지 않고 남겨두어야 할 흙이 '하지 말아야 할 일'이다.

말아야 할 일'이다. 잘못해서 캐내지 말아야 할 흙(하지 말아야 할 일)을 파게 되면 흙이 무너져 보물 상자를 캐낼 수 없게 된다.

욕구를 충족하기 위해 땅속에 묻혀 있는 보물 상자를 캐내려면 첫째, 자신이 추구하는 욕구(목표)의 종류에 따라 어디를 팔 것인지를 정해야 하며 둘째, 어떻게 팔 것인지 필요한 방법과 수단을 선택해야 한다. 마지막으로 어디를 어떻게 팔 것인지 정하였다면 실제 행동으로 옮겨야 한다. 다시 말하면 사람마다 추구하는 욕구(목표)에 따라 어떤 보물 상자를 캐야 할지가 정해지고 개인의 능력에 따라 캐는 방법과 수단이 선택되며 개인의 태도에 따라 행동여부가 결정되는 것이다.

현실에서는 시험공부도 해야 하고 집안일도 거들어야 하고 이성친구도 만나야 하는 경우처럼 사람들은 동시에 여러 가지 욕구(목표)를 추구하는 경우가 있다. 이럴 때는 욕구(목표)의 중요성과 시급성 등을 기준으로 우선순위를 선택하고 시간 계획을 짜서 선택과 집중을 함으로써 효율성을 높이고자 한다.

자신이 선택한 보물 상자를 얼마만큼 많이 캐낼 수 있는지는 개인의 행동의도(동기)에 따라, 즉 동기수준이 높을수록 개인의 능력(수단)이 클수록 그 양이 정해진다. 개인의 태도는 행동의도(동기)를 형성하는 요인으로써 보물 캐기의 성과에 영향을 미친다.

또한 사람들이 추구하는 욕구(목표)는 추구하는 사람들이 많을수록, 욕구의 개수가 희소한 것일수록 경쟁은 치열해진다. 경쟁에서 자신이 원하는 보물 상자를 얻기 위한 방법은 다른 사람들보다 땅

욕구 실현의 수단(능력)

사람마다 추구하는 욕구(목표)에 따라
어떤 보물 상자를 캐야 할지가 정해지고
개인의 능력에 따라 캐는 방법과 수단이 선택되며
개인의 태도에 따라 행동여부가 결정된다.

파기에 더 좋은 수단(능력)을 소유하고 있거나 더 많은 시간(노력)을 들여 흙을 파는 수밖에 없다.

보물 상자를 캐기 위해 파낸 흙의 양은 보물 상자를 얻기 위해 사용된 노력과 시간의 양과 같으며, 흙을 파는 데 소요된 비용이라 할 수 있다. 주어진 시간 안에서 사용하는 수단과 방법이 무엇인지에 따라 소요되는 비용이 달라지게 되며 다른 사람보다 적은 비용으로 보물 상자를 캐낼 수 있느냐 없느냐는 전적으로 개인의 능력에 달려있다.

하지만 캐려는 보물 상자가 사람들과 맺는 관계의 욕구나 성장의 욕구일 경우에는 문제가 달라진다. 관계의 욕구나 성장의 욕구처럼 개인의 능력만으로 혼자서 캐내는 것이 아닌 공동으로 보물 캐기를 해야 하는 경우에는 각자에게 할당된 흙을 파내지 못하면 보물을 얻을 수 없게 된다. 이런 경우에 개인의 노력보다 공동작업자와의 협력이 더욱 중요하다. 공동작업자 간의 협력은 각자에게 맡겨진 역할 완수에 대한 믿음에서 시작된다. 사회의 구성원으로서 자신에게 주어진 역할을 충실히 수행함으로써 공동작업자의 협력을 얻게 되며 그렇지 못할 경우에는 좋은 인간관계를 맺을 수 없고 좋은 성과를 기대할 수도 없게 된다.

각자가 캐낸 각각의 보물 상자 안에는 상자마다 들어 있는 욕구의 종류에 따라 돈, 승진, 명예, 권한 등이 들어 있으며 이런 보물들이 쌓이면 개인의 사회 · 경제적 지위도 덩달아 올라가게 된다. 또한 사회 · 경제적 지위가 높아질수록 또 다른 보물 상자를 캐는 데 보

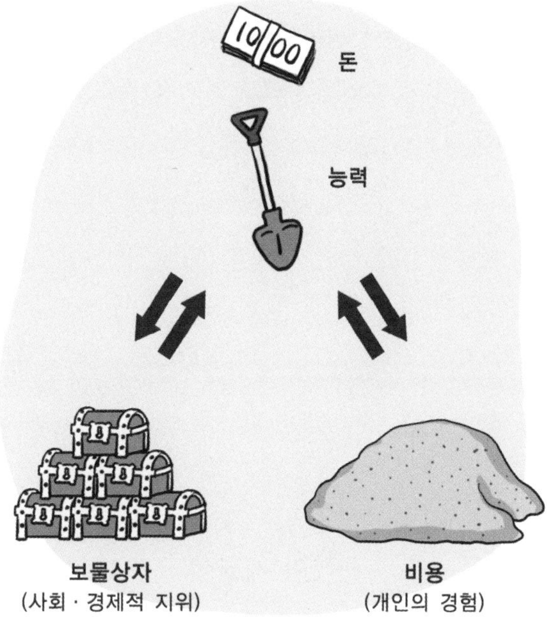

주어진 시간 안에서 사용하는 수단과 방법이
무엇인지에 따라 소요되는 비용이 달라지게 되며
다른 사람보다 적은 비용으로 많은 보물 상자를
캐낼 수 있느냐 없느냐는 전적으로 개인의 능력에 달려 있다.

다 유리한 수단을 획득할 수 있는 능력을 소유하게 된다. 그리고 보물 상자를 캐기 위해 파낸 흙의 양, 즉 보물 상자를 얻기 위해 사용된 시간과 노력은 개인의 경험(능력)으로 축적된다.

결국 캐낸 보물 상자가 많을수록 개인의 능력도 확대되며 능력이 확대될수록 캐낼 수 있는 보물 상자의 숫자도 늘어난다. 당연히 그에 따른 보상도 커지고 개인의 사회 · 경제적 지위도 올라가게 되는 것이다.

여기서 잠깐

개미와 베짱이

개미와 베짱이의 이야기는 간단히 말하면 여름 한철에 베짱이가 나무 그늘에서 노래 부르고 놀고 있을 때 개미는 열심히 일을 해서 먹이를 모아 저축했다는 것이다. 이 우화의 결론은 모두가 알고 있듯이, 가을이 오고 겨울이 되어 추워졌을 때 여름에 땀 흘려 먹이를 모아둔 개미는 겨울을 잘 보낼 수 있지만 베짱이는 거지가 되어 동냥을 하고 다닌다는 것이다. 자신이 좋아하는 일을 하면서 현재를 즐기는 베짱이와 어려울 때를 대비해 열심히 일하면서 저축하는 개미 중 누구의 삶이 더 가치 있고 행복한 것일까? 그 답은 '해야 할 일'을 보는 태도에 달려 있다.

읽·을·거·리

브라이언 트레이시, 『목표, 그 성취의 기술』

미국에서 가장 돈을 많이 버는 경영 컨설턴트이자 경영학 박사이고, 최고의 동기유발 전문가이자 CEO인 브라이언 트레이시는 『목표, 그 성취의 기술』이라는 책에서 '원하는 것을' 얻기 위한 구체적인 목표설정법에 대해 조언한다.

브라이언 트레이시가 가장 강조하는 것은 '원하는 것'을 구체적으로 적어보는 것이다. 그는 불우한 가정에서 태어나 고등학교를 중퇴하고, 세차원, 경비원, 방문판매원 등을 전전하며 어렵게 자랐다. 하지만 그는 이루고 싶은 꿈을 포기하지 않았다. 그는 종이 한 장에 향후 1년간 내가 이루고자 하는 목표를 적었다. 그렇게 목표를 구체적으로 적어놓고 나니 30일 후 그의 인생이 바뀌었다. 그는 구체적인 목표를 설정한다는 것이 얼마나 큰 힘을 발휘할 수 있다는 사실을 깨닫고 인생의 어려움이 닥칠 때마다 종이에 새로운 목표를 적고 구체적인 실천방안을 모색하곤 했다. 『목표, 그 성취의 기술』이라는 책에는 빈털터리에서 부자가 될 수 있었던 그의 노하우가 '목표설정 기법'이라는 이름으로 정리되어 있다.

브라이언 트레이시 목표설정 기법 7단계는 다음과 같다.

① 자신이 원하는 것을 '정확히' 결정하라

② 그것을 종이에 적어라. 기록하지 않은 목표는 환상에 불과하다.

③ 목표를 달성할 기간을 설정하라.

④ 목표를 달성하기 위해 스스로 할 수 있는 일을 모두 기록하여 목록을 만들어라.

⑤ 그 목록을 일의 연속성과 중요도를 기준으로 우선순위를 정하라.

⑥ 목표를 세웠으면 그것이 무엇이든 실천에 들어가라.

⑦ 실천 항목은 시간에 상관없이 '매일' 실행하라.

참고 자료: 브라이언 트레이시 지음, 정범진 옮김,
『목표, 그 성취의 기술』, 김영사, 2003년

5부

태도와 능력 변화시키기

01

욕구와 현실의 부조화

세상 모든 사람들이 자신이 하고 싶은 일만 하며 살 수 있다면 얼마나 행복할까. 하지만 안타깝게도 현실에서 그런 사람은 극히 소수에 불과하다. 대부분의 사람들은 현실과 타협하면서 차선의 선택에 만족을 얻으며 살아가거나 정말 하고 싶은 일을 할 수 없는 경우에는 현실을 외면하거나 부정하면서 살아간다.

치열한 경쟁 속에서 원하는 대학에 진학하는 것도, 이상형에 맞는 이성 친구를 만나는 것도, 또한 자신이 원하는 회사에 들어가는 것도 뭐하나 쉽지 않은 게 현실이다. 자신이 하고 싶은 일을 할 수 있는 것은 경쟁력을 갖춘 극소수의 사람만이 누릴 수 있는 혜택이다.

하지만 능력 부족으로 자신이 좋아하는 일을 할 수 없는 경우보다 사람들을 더 힘들게 하는 경우는 자신이 처한 현실적 여건 때문에 하기 싫은 일을 해야 할 때다. 예를 들면 찜통더위 속에서 공부를 해야 하는 수험생, 매일 똑같이 설거지와 집안 청소를 반복해야 하는 주부, 비가 오나 눈이 오나 일정한 시간에 맞춰서 출근해야 하는 샐러리맨의 경우를 생각해보면 쉽게 이해가 갈 것이다.

이와 같이 하고 싶은데 할 수 없거나, 하기 싫은데 해야 하는 욕구와 현실의 부조화는 욕구불만을 유발하고 욕구불만으로 인하여 발생한 불안, 갈등, 긴장 등은 개인의 목표달성을 저해하고 행복한 생활을 가로막는다. 그렇다면 이렇게 개인의 삶에 부정적 영향을 미치는 욕구와 현실의 부조화가 어떻게 만들어지는지 욕구, 태도, 능력 간의 관계를 통하여 설명하여 보자.

앞에서 살펴본 바와 같이 욕구를 충족하기 위해 '해야 할 일'과 '하지 말아야 할 일'은 태도에 따라 '좋아하는 일'과 '싫어하는 일'로 나누어지고 능력 여부에 따라 '할 수 있는 일'과 '할 수 없는 일'로 구분된다. 이렇게 구분하다 보면 욕구와 태도와 능력 사이의 연관 상태에 따라 8가지 경우의 수가 생긴다.

예를 들어 A군이 '몸짱'(욕구)이 되기 위해서 '해야 할 일' 4가지(윗몸 일으키기 하루 100회 하기, 1주일에 3번 이상 헬스장 가기, 계단 걸어서 올라가기, 채식과 닭 가슴살 먹기)와 '하지 말아야 할 일' 4가지(1주일에 2회 이상 음주, 컴퓨터 게임, 패스트푸드와 콜라 먹기, 1주일에 3회 이상 야식하기)를 수행한다고 했을 경우를 가정해보자. 이때 A군이 '해야 할 일'과 '하지 말아야 할 일'은 A군의 태도와 능력에 따라 다음과 같이 8가지 경우로 구분할 수 있다.

:: **욕구와 태도와 능력의 관계**

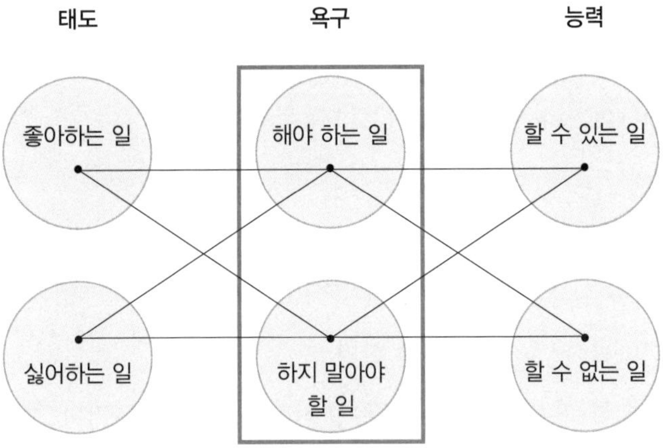

① 해야 할 일이 좋아하고 할 수 있는 일인 경우 : 윗몸 일으키기 하루 100회 하기

② 해야 할 일이 좋아하는데 할 수 없는 일인 경우 : 1주일에 3회 이상 헬스장 가기

③ 해야 할 일이 할 수 있는데 싫어하는 일인 경우 : 계단 걸어서 올라가기

④ 해야 할 일이 할 수도 없고 싫어하는 일인 경우 : 채식하고 닭가슴살 먹기

⑤ 좋아하고 할 수 있는데 하지 말아야 할 일인 경우 : 1주일 2회 이상 음주

⑥ 좋아하지만 할 수 없고 하지 말아야 할 일인 경우 : 컴퓨터 게임

⑦ 할 수 있지만 싫어하고 하지 말아야 할 일인 경우 : 패스트푸드와 콜라 먹기

⑧ 할 수도 없고 싫어하는데다 하지 말아야 할 일인 경우 : 1주일에 3회 이상 야식하기

8가지 경우의 수 중에서 A군이 '몸짱'이 되기 위해서는 ①~④ 항목의 '해야 할 일'을 반드시 해야 하고 ⑤~⑧ 항목의 '하지 말아야 할 일'은 당연히 하지 말아야 한다.

① 항목의 경우처럼 '해야 할 일'이 좋아하는 일이거나 ⑦, ⑧ 항목의 경우처럼 '하지 말아야 할 일'이 싫어하는 일인 경우에는 스스로 행동하거나 하지 않기 때문에 문제가 생기지 않는다. 그러나 ② 항목처럼 '해야 할 일'이 좋아하는데 할 수 없거나 ⑤ 항목처럼 좋아하고 할 수도 있는데 '하지 말아야 하는 일'인 경우이거나 ③, ④ 항목처럼 싫어하는데 '해야 할 일'인 경우에는 욕구와 현실 간의 부조화가 생기게 되는데, 부조화 상태가 해결되지 않으면 결국 '몸짱' 만들기(욕구충족)에 심각한 문제가 발생된다.

또한 ⑥ 항목처럼 '하지 말아야 할 일'이 좋아하지만 능력(시간)이 없어서 하지 못하는 경우에는 언제든지 능력이 갖추어지면 문제를 일으킬 수 있으므로 항상 경계해야 한다.

결국 A군의 '몸짱' 만들기(욕구충족)가 성공하려면 ②, ③, ④번 항목의 '해야 할 일'을 할 수 없거나 하기 싫더라도 반드시 수행해야 하며, ⑤, ⑥번 항목의 좋아하지만 '하지 말아야 할 일'의 유혹을

:: **욕구와 현실의 부조화**

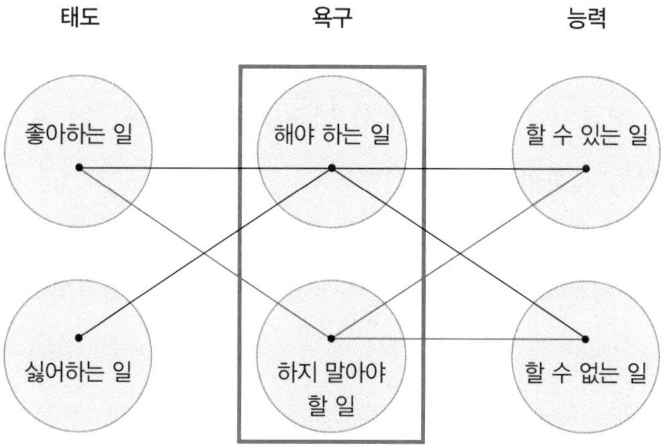

뿌리쳐야 한다. 결국 ②~⑥ 항목의 욕구와 현실 간의 부조화 상태를 해결하기 위해서는 A군의 태도가 바뀌거나 능력이 변화되어야 한다.

그러나 하기 좋아하는 일은 할 수가 없고, 하기 싫은 일은 해야 하는 욕구와 현실 간의 부조화는 막상 해결하려고 노력해봐도 쉽게 고쳐지지 않는다. 그래서 사람들은 욕구불만으로 인한 불안과 긴장으로부터 자신을 방어하기 위해 긴장해소가 필요한데 직접적으로 긴장을 해소할 능력이 없는 사람들은 자신을 보호하기 위해 적응기제를 사용한다. 대표적인 적응기제로는 방어기제, 도피기제, 공격기제가 있다.

방어기제

방어기제는 현실을 부정하거나 왜곡시켜 지각하려는 특성이 있으며 무의식적으로 작동하기 때문에 본인은 잘 의식하지 못한다. '합리화'는 대표적인 방어기제로서 이솝우화에 나오는 '신 포도의 논리'가 바로 그것이다. 즉, 잘 익은 포도를 눈앞에 두고서도 따 먹을 수 없게 된 여우는 "저 포도는 시어서 맛이 없을 거야"라며 자신의 불합리한 행동이나 생각을 합리화하며 정당화시키는 것이다.

도피기제

도피기제는 욕구불만으로 생긴 긴장이나 불안을 해소하기 위한 비합리적인 행동으로, 지금 직면한 현실을 외면하고 비현실적인 세계로 숨어들어가 정서적인 안정을 추구하는 적응기제다.

도피기제에는 도피, 고립, 거부, 퇴행, 억압, 백일몽 등이 있다. 그 중 대표적 도피기제라고 할 수 있는 '도피'는 받아들이기 힘든 기억이나 현 상황으로부터 벗어나기 위해 술을 마심으로써 즐기는 경우를 들 수 있다. 반면 '억압'은 너무 고통스럽거나 충격적인 기억을 무의식적으로 억누르는 행위로서 헤어진 연인의 얼굴이 자꾸 떠오를 때 애써 욕구를 억눌러버리는 것이다.

공격기제

공격기제는 욕구충족의 과정이 방해를 받았을 때 그 방해요인을 공격해서 정서적 긴장을 해소하는 기제다. 대표적인 공격기제로는 폭력, 폭언, 무시, 비웃음 등이 있다.

이상과 같은 이 세 가지 적응기제 외에도 사람들은 다양한 적응기제를 사용하여 욕구불만으로 생긴 불안과 긴장에서 벗어나려고 한다. “핑계 없는 무덤 없고, 처녀가 애를 가져도 할 말은 있다”는 우리 속담에 나오는 ‘핑계’와 ‘할 말’은 바로 자신을 방어하기 위해 사용하는 적응기제와 같은 것이다.

그러나 어떤 적응기제를 사용하든지 간에 적응기제만으로는 욕구불만으로 생기는 불안과 긴장을 근본적으로 해결할 수 없다. 적응기제를 자주 사용하게 되면 현실을 왜곡하게 되어 학습이나 개인적 성장을 방해하게 되고 원만한 인간관계에도 지장을 초래한다.

그러므로 현실에서 부딪치는 욕구와 현실의 부조화로 생기는 문제는 현실적이고 융통성 있게 처리해야 한다. 자신의 부족한 능력이 문제라면 능력을 키우는 방법을 통해 해결하도록 노력하고, 하기 싫은 일을 해야 하는 경우라면 그 일에 대한 자신의 태도가 변할 수 있도록 노력함으로써 문제를 해결해 나가야 한다.

한걸음 더

삶과 행복을 방해하는 10가지 방어기제

의사이며 공인임상사회복지사와 공인임상심리치료사로 일하는 매릴린 케이건과 닐 아인번드는 방어기제를 "자아가 위협받거나 상처받을 상황에 맞닥뜨렸을 때 무의식적으로 자신을 속이거나 상황을 다르게 해석함으로써 자신의 마음을 보호하는 심리적 행위"로 정의했다.

인간들은 방어기제가 있기 때문에 느끼기 싫어하는 감정을 외면할 수 있고, 불편한 감정이나 생각을 느끼지 않으며 살 수 있다. 하지만 방어기제는 때때로 행복한 삶으로 향한 길을 방해하는 역할을 하기도 한다.

매릴린 케이건과 닐 아인번드는 무수한 방어기제들 중에서 '행복과 삶의 발전을 훼방놓는 방어기제'로 10가지를 꼽았다.

첫 번째 방어기제는 '부정'이다. 불안감을 줄이고자 명백한 사실을 외면하는 전술로, 가장 원초적인 방어기제다.

두 번째 방어기제는 '투사'로, 받아들일 수 없거나 충격적이거나 당황스러운 생각, 기분, 충동 등의 불안감을 덜기 위해서 다른 사람의 탓으로 돌리는 것을 말한다.

세 번째 방어기제인 '합리화'는 참을 수 없는 상황에서 느낀 실망감, 분노, 상처받은 기분을 자신에게 유리하게 '난해하고도 논리적으로 보이는 변명'으로 덮는 것이다.

네 번째 방어기제는 '지성화'로 고통스럽고 불편한 사건이나 생각과 관련 있는 감정들을 해명하고 없애버리기 위해 단어 · 정의 · 이론적 개념 등을 이용하는 것이다. 즉, 가슴으로 느껴야 할 것을 머리로 해결하려는 것이다.

다섯 번째 방어기제는 '유머'로, 곤란한 상황에서 빠져나오거나, 특정 상황에서 괴롭거나 불편한 기분을 누그러뜨리기 위해 웃음과 농담, 풍자와 아이러니를 이용하는 것이다.

여섯 번째 방어기제는 '전치'다. 놀랍거나 굴욕적이거나 불쾌한 기분과 충동을 좀 덜 위협적으로 보이는 사람이나 사물에게 돌리는 것이다.

일곱 번째 방어기제는 '승화'로 자신 혹은 사회구성원 대부분이 받아들이기 힘든 생각이나 기분을 용인할 수 있는 행동으로 바꾸는 것이다.

여덟 번째 방어기제는 '지연행동'으로 불편하고 고통스러운 내면의 고민을 피하기 위해서 시작하거나 완료해야 할 일 혹은 행동을 미루는 것을 말한다.

아홉 번째 방어기제는 '이타주의'다. 이것은 자신의 욕망과 욕구를 충족시키면서 동시에 회피하기 위해 시간이든 돈이든 에너지든 자신의 것을 남에게 헌신적으로 바치는 것을 말한다.

열 번째 방어기제는 '소극적 공격성'으로, 분한 마음이나 적대감, 상처받은 기분을 그것과 관련 없는 상황에서 간접적으로 표현하는 것이다.

자료 출처: 『내가 말하는 진심, 내가 모르는 본심–무엇이 내 행복을 훼방 놓는가? (*Defenders Of The Heart*)』, 매릴린 케이건 · 닐 아인번드, 나무숲, 2012.

02

태도 변화시키기

심리학자 다릴 벰Daryl Bem은 태도를 “사물, 사람, 이슈에 대해 가지는 일반적이거나 지속적인 긍정적 또는 부정적 감정”이라고 정의하였다. 태도는 자기 생각을 굽히거나 의심하지 않으려는 정신적인 태도인 신념들이 모여 형성된다. 태도를 변화시키는 방법을 알아보려면 먼저 태도가 어떻게 형성되는지부터 살펴볼 필요가 있다.

태도의 형성과정은 크게 세 가지 경로로 구분되며 그 첫 번째 경로가 학습이다. 태도는 학습 또는 모방에 의해 형성되며 보상받은 행동에 대해서는 긍정적 태도가 형성되고 발생빈도도 증가한다. 흔히 볼 수 있는 예가 자신을 칭찬해 주는 사람을 좋아하거나 존경하는 사람의 행동을 따라 하는 것이다. 반대로 자신을 싫어하거나 비난하는 사람에게는 부정적인 태도가 형성된다.

두 번째 경로는 인지일관성 기제다. 사람들은 어떤 대상에 대해서 지니는 자기의 인지들 사이에서 일관성을 추구한다. 예를 들어 담배를 피우는 사람이 스트레스 해소에 좋다며 흡연을 자기정당화하는 경우다. 또한 자신의 태도와 행동에 일관성이 무너지면, 즉 인지부조화 상태가 되면 태도와 행동의 일관성을 회복하려는 동기가 유발됨으로써 태도가 형성되기도 한다.

세 번째 경로는 기대×가치이론에 의해 설명된다. 사람들은 어떤 상황에서 취할 수 있는 여러 대안들 중에서 자신의 이득을 극대화할 수 있는, 즉 주관적 유용성subjective utility이 가장 큰 대안을 지지하는 태도를 취하게 된다.

이렇게 형성된 태도와 행동은 일치할 수도 있고 일치하지 않을 수도 있다. 태도와 행동의 일치성을 높이는 것은 태도의 강도다. 대체로 강한 태도(극단적 평가)를 지닐수록 태도와 행동이 일치할 가능성이 높다. 예를 들면 오늘부터 담배를 끊는다고 공언하며 태도를 공개적으로 표현한 적이 있을 때나, 수퍼마켓에서 시식을 할 때처럼 태도가 직접 경험을 통해 형성되었을 경우, 또는 자기 집 앞에 쓰레기 매립장이 들어선다고 할 때처럼 태도 대상에 대한 지식이 많을 때나 태도 대상이 자신의 이익과 관련될 때 태도가 강해진다.

그리고 태도와 행동을 측정하는 시간 간격이 짧을수록 태도와 행동이 일치될 가능성이 높아진다. 선거일이 가까울수록 결과 예측이 정확해지는 것이 바로 그 예다.

또 한 가지 태도로부터 행동을 예측할 수 있는 요인은 태도와 행동이 측정되는 구체성의 수준이다. 태도와 행동을 측정하는 수준이 구체적일수록 일관성은 높아진다. 그리고 사람들의 행동은 태도뿐만 아니라 상황에 의해서도 영향 받을 수 있다. 이럴 경우 행동에 미치는 상황 압력이 적을수록 태도와 행동은 일치하게 된다. 태도와 행동의 일관성에 영향을 주는 또 다른 요인은 자기인식이다. 사람들은 자신의 사적 자기인식과 자기에 관한 타인의 반응을 생각하는 공적 자기인식에서 차이가 있다(Fenigstein *et al*, 1975). 공적 자기인식이 높은 사람들은 다른 사람에게 비친 자신의 모습을 더 많이 인식하므로 태도와 행동이 일치하지 않을 수 있다.

위에서 태도가 어떻게 형성되는지 그리고 어떤 조건에서 태도와 행동이 일치되는지를 구체적으로 알아본 이유는 인생의 목표들을 달성하는데 부정적인 영향을 미치는 태도를 바꿀 수 있는 방법이 무엇인지 알아보기 위해서다. 태도는 환경의 영향을 받으며 적당한 조건에서 학습에 의해 변화될 수 있다. 자기의 행동을 바꾸거나 인지되는 정보나 긍정적 또는 부정적 정서의 자극을 통해 지속적으로 설득되고 학습될 때 변화가 가능하다. 태도를 변화시킬 수 있는 방법에는 타인에 의한 설득과 자기행동에 의한 자기설득이 있다.

타인에 의한 설득

태도를 변화시킬 수 있는 첫 번째 방법은 타인에 의한 설득이다. 일상생활에서 많은 사람들은 우리의 태도를 변화시키려는 의도적인 노력인 타인의 설득에 노출되어 있다. 부모의 자식에 대한 설득과 우리가 매일 접하는 수많은 광고는 그 대표적인 경우다.

설득을 통하여 태도변화가 일어나려면 우선 설득대상자가 설득내용에 대해 주의를 기울여 그 의미를 이해해야 하며 설득내용을 수용하여야 한다. 그런 다음 설득에 의해 새로 형성된 태도가 기존의 태도를 능가하는 보상을 제공할 수 있을 때 설득대상자는 자신의 태도를 바꾸게 된다. 그러나 설득대상자가 자기와 긴밀하게 연관된 태도에 대하여 설득을 받게 되면 저항이 생기고 따라서 설득이 잘 되지 않는다. 그리고 설득대상자가 이미 강한 태도를 형성하고 있는 경우에는 자신이 지닌 태도와 설득 주장 간에 약간의 차이조차 받아들이지 않는다. 또한 강한 태도를 형성하고 있는 신념들이 강력한 연결만을 형성하고 있기 때문에 자신의 신념을 깨뜨릴 만한 강한 설득 주장이 아니고서는 좀처럼 태도를 변화시킬 수 없게 된다.

태도를 변화시키는 설득과정에서 설득효과에 영향을 미치는 요인으로 ① 설득자 ② 설득내용 ③ 설득매체 혹은 경로 ④ 설득대상 ⑤ 설득상황을 들 수 있다. 태도변화를 일으키는 설득효과는 누가, 누구에게, 무엇을, 어떤 수단에 의해서, 어떤 상황에서 설득했는지에 따라 달라지는 것이다. 첫 번째 요인인 설득자를 예로 들면 설득자의 신빙성(전문성과 신뢰성)과 설득자의 매력(신체적 매력이나 호감, 유사성, 소속)에 따라 설득대상자에게 태도변화를 일으키게 하는 설득효과가 달라지는 것이다.

설득효과가 부족한 설득은 자칫하면 잔소리나 쓴소리로 여겨져 한쪽 귀로 듣고 다른 쪽 귀로 흘려버리는 경우가 많다. 그러나 반복되는 잔소리야말로 자신의 태도에 문제가 있음을 알려주는 분명한 신호이다. 만일 자신이 주위 사람들로부터 같은 내용의 설득을 반복적으로 듣고 있다면 '해야 할 일'을 방해하고 있는 자신의 태도가 무엇인지 점검해볼 필요가 있다.

자기행동에 의한 자기설득

자기 행동에 의해 자신의 태도를 변화시킬 수 있는 방법은 레온 페스팅거Leon Festinger에 의해 발전된 인지부조화이론cognitive dissonance theory에서 연구되었다. 이 이론은 행동이 태도를 결정하는 경우에 초점을 두었다. 인간은 자신의 태도와 행동이 불일치(부조화)되면 불편한 느낌이 생기고, 불편한 감정을 해소하려는 압력(동기)이 생긴다. 이런 경우 대부분의 사람들은 자신의 행동을 합리화하려는 경향이 강해지므로 행동과 일치되도록 자신의 태도를 변화시킨다. 예를 들면 수강신청(행동)을 하고 수강을 하는데 그 과목이 재미없다고 느껴지면(태도) 수강신청을 취소하면 된다. 그러나 수강신청의 변경 기간이 지났을 경우 그 과목이 유익하다거나, 들을수록 재미있다는 식으로 자신의 태도를 변화시킴으로써 인지부조화를 감소시킬 수 있다.

그리고 자신의 행동이 태도에 영향을 미치는 방식을 설명하는 다른 이론은 심리학자 다릴 벰(1972)이 주장한 자기지각이론self-perception theory이다. 이 이론에 의하면 사람들은 여러 대상이나 쟁점들에 대하여 명확한 태도를 지니지 않은 채 모호한 상태로 있는 경우가 많다. 이런 경우, 자신의 태도는 현재의 행동방식에 대한 지각과 과거에 그 상황에서 어떻게 행동했는지에 대한 회상을 통하여 자신의 태도를 결정한다고 했다. 즉 다른 사람의 행동을 관찰하여 그의 태도를 추론하듯이 자신의 행동으로부터 자신의 태도를 추론한다고 보았다. 예를 들어 무심코 어떤 과일을 먹고 있는데 '그 과일을 좋아하는가'라는 질문을 받으면 현재 과일을 먹고 있는 자신을 관찰함으로써 '그것을 좋아하니까 먹었지'라고 자신의 태도를 추론하는 것이다.

페스팅거의 인지부조화이론과 벰의 자기지각이론은 자기행동에 의한 자기설득으로 부정적 태도를 긍정적 태도로 변화시킬 수 있음을 보여 준다. 즉 행동을 먼저 바꾸면 태도를 변화시킬 수 있다는 것이다.

하지만 사람들은 미지에 대한 두려움, 개인적 손실, 적절한 시기인지 판단할 수 없어서, 기존 방식의 익숙함 때문에 변화를 싫어한다. 그러나 자신의 욕구를 실현하기 위해서는 자신이 싫든 좋든 상황의 변화는 피할 수 없으며 현재의 행동을 변화시키지 않고서는 아무런 발전도 이룰 수 없다. 그러므로 '해야 할 일'에서 '하기 싫은 일'을 만나게 되더라도 망설이지 말고 바로 행동으로 옮겨야 태도를 변화시킬 수 있는 것이다.

행동을 통하여 태도를 바꾸려면 행동을 일으키는 동기가 필요하다. 행동의 동기에는 내적 동기와 외적 동기(당근과 채찍)가 있다. 내적 동기는 자발적인 동기로서 보람, 책임감, 성취감 등으로 구성되며 내적 동기에 의한 활동은 활동 그 자체가 목적인 반면 외적 동기는 보상을 받거나 벌을 피하려는 것으로 일정한 목적을 달성하기 위한 수단으로 사용된다.

말을 물가로 끌고 갈 수는 있지만 억지로 물을 먹일 수는 없다. 이때 말을 물가로 끌고 가는 것은 외적 동기이고, 말이 스스로 물을 먹도록 하는 것은 내적 동기다. 태도변화를 일으키기 위해서는 우선 외적 동기인 당근과 채찍으로 어떤 행동을 하도록 하는 것이 중요하다. 밤늦게까지 컴퓨터 게임을 하는 아이의 잘못된 태도를 고치려면 일시적으로 행동을 유발하는 당근이나 채찍이 필요할 수 있다. 그러나 아이의 마음을 지속적으로 움직여 태도를 변화시키려면 반드시 내적 동기가 있어야만 가능하다.

단순 반복적인 일에는 당근과 채찍이 위력을 발휘하지만, 사람의 마음을 지속적으로 움직이려면 내적 동기가 필요하며 내적 동기는 자신이 중요하게 생각하는 가치와 자신이 하려는 행동(일)의 의미에서 스스로 찾아야 한다.

어떤 사람이 평소와 다른 행동이나 태도를 보일 때 흔히 “해가 서쪽에서 뜨겠네”라고 한다. 그만큼 태도는 바꾸기가 어렵다는 뜻이다. 그렇지만 한번 태도를 바꾸게 되면 지속적인 성과를 가져올 수 있음을 깨달아야 한다. 좋은 태도가 반드시 좋은 성과를 내는 것은 아니지만 좋지 않은 태도가 나쁜 결과를 가져오는 것은 확실하다.

능력개발은 시간과 비용이 많이 들지만, 태도의 변화는 자기 내면에서 시작되기 때문에 마음먹기에 따라 바로 실행 가능하다. 어릴 적 개인의 태도는 처음에는 눈에 보이지 않고 겉으로 잘 드러나지 않기 때문에 사람들은 이를 놓치기 쉽다. 하지만 사소한 태도 차이가 수십 년의 세월을 거친 결과, 사회 · 경제적으로 엄청난 지위의 차이를 가져온다는 것을 명심해야 한다.

여기서 잠깐

나쁜 습관을 버려라!

태도를 바꾸고 싶다면 우선 자신의 좋지 않은 습관적 행동부터 고쳐 보자. 예를 들면 늦잠을 잔다거나, 정리정돈을 잘 못한다거나, 편식 등과 같이 좋지 못한 습관을 과감하게 버려야만 자신의 태도를 변화시킬 수 있다. 익숙함은 편안함을 제공하지만 그 편안함은 우리를 일정한 틀에 가두어놓게 되고, 세상의 변화에 적절하게 대처하지 못하게 만든다.

한걸음 더

나의 역할 모델, 멘토를 찾아라

태도는 사회학습(모방)으로도 형성된다. 내가 특히 좋아하거나, 존경하거나, 영향력 있는 사람들의 태도나 행동을 관찰하고 모방하면서 스스로 태도를 바꿀 수 있다. 자신이 꿈꾸는 인생의 목표를 이미 달성한 사람을 역할 모델(role model)로 정해 놓고 그 사람의 행동과 태도를 따라해 보는 것은 어떨까.

또한 자신이 꿈꾸는 인생의 목표를 달성하는 과정에서 겪게 될 여러 가지 문제들을 격의없이 상의할 수 있는 멘토(mentor)가 있다면 불필요한 시행착오를 줄일 수 있을 것이다. "아는 길도 물어가라"고 했다. 그러나 보통 사람들은 이미 물이 엎질러진 뒤에 도움을 요청하는 경우가 많다. 자신을 과신하지 말고 중요한 결정을 하기 전에 먼저 멘토의 의견을 참고하는 것은 현명한 태도이다.

03

능력
변화시키기

우리는 성인이 되기 전 부모와 학교에서 배운 능력만으로 급속하게 변해가는 세상의 변화를 따라갈 수도, 치열한 경쟁에서 이길 수도 없다. 성인이 되면 인생의 목표를 달성하는 데 필요한 새로운 능력을 획득해야 한다. 능력을 변화시킬 수 있는 방법에는 자기개발을 통한 잠재력을 개발하는 것과 폭넓은 인간관계의 형성을 통해 조력자의 도움을 받는 것이 있다.

잠재력 개발

인생의 목표는 자신의 무한한 잠재력을 개발함으로써 달성할 수 있다. 자신의 잠재력을 개발하도록 만드는 힘은 자기효능감에 달려 있다. 능력을 바꾸기 위한 잠재력의 개발은 '해야 할 일' 중에서 자신이 좋아하는 일에서부터 시작해야 한다. 좋아하지만 할 수 없었던 일에서 성공을 하면 자기효능감이 높아진다. 할 수 있는 일들이 많아질수록 자신의 능력도 확대되며 능력이 커지면 자기효능감도 높아져 일에 대한 태도 역시 바뀔 수 있다.

2002년 월드컵은 자기효능감이 얼마나 잠재력을 끌어올릴 수 있는지를 잘 보여주었다. 우리나라의 월드컵 4강 신화는 히딩크 감독만의 훈련방법과 용병술로 선수 각 개인의 잠재력이 극대화되어 가능했다. 16강을 가리는 리그 1차전에서 폴란드를 상대로 한 월드컵 사상 첫 승리가 전국을 뜨겁게 달구었던 엄청난 응원의 열기를 불러일으켜 선수들에게 우리도 '할 수 있다'는 높은 자신감(자기효능감)을 갖게 한 결과로 볼 수 있다.

욕구를 충족하기 위해 어떤 일을 하고 싶은데 '할 수 없다'는 의미는 자신이 지각하는 행동통제력이 부족하다는 뜻이다. 지각된 행동통제력은 자신이 행동을 실행할 수 있다고 믿는 수준을 의미한다. 지각된 행동통제력은 자기효능감을 발전시킨 개념으로 자기효능감과 혼용되어 많이 사용된다. 자기효능감이 내적 통제요인(기술, 능력, 의지력 등)에 기초하여 어떤 일을 실행할 수 있다는 인지적인 과정을 가리키는 것에 반해 지각된 행동통제력은 훨씬 전반적이고 외적 통제요인(시간, 기회, 자원 등)을 포함하는 것이다.

자기효능감은 외적인 사회적 요인에 대한 개인적 지각이지 실제 능력이 아니다. 대개 사람들은 과제를 선택할 때 자기효능감이 낮은 과제는 피하고 효능감이 높은 과제를 택하려고 한다. 그런데 높은 자기효능감은 자신이 과제를 끝마칠 수 있는 능력을 실제 능력보다 더 과대평가하게 만드는 반면, 낮은 효능감은 과제가 실제보다 더 어렵다고 믿게 만들 수 있다.

자기효능감이 높은 사람은 과제계획을 잘 짜기 위해 과제를 넓게 보는 경향이 있고 장애물이 있을 때 더 많은 노력을 하며 실패할 경우 원인을 외부요인으로 돌린다. 반대로 효능감이 낮은 사람은 낙담하고 포기하는 경향이 있으며 실패의 원인을 자신의 낮은 능력 탓으로 돌린다.

그리고 자기효능감은 행동의 변화를 시작할지, 얼마나 노력을 할지, 장애물과 실패에도 불구하고 얼마나 노력을 유지할지 등을 결정하며 사람들이 목표를 세우고 그 수준을 정하는 데 영향을 미친다. 담배 때문에 고민하는 사람 중에는 자신이 잘 할 수 있는 믿음 정도에 따라 '일단 담배를 줄여야지'라는 목표는 세우는 사람도 있고, '담배를 완전히 끊어야지'라고 결심하는 사람도 있다.

자기효능감이 낮은 사람은 욕구충족을 위해 '해야 할 일'을 자신의 실제 능력이 아니라 지각된 행동통제력에 의해 '할 수 없는 일'로 여기며, 낮은 자기효능감은 태도에도 영향을 줘서 '해야 할 일'을 '하기 싫은 일'로 만들어버린다. 자기효능감이 낮은 사람은 '해야 할 일'을 해보지도 않고 '할 수 없는 일'로 포기하거나 '하기 싫은 일'로 회피함으로써 자신의 능력과 잠재력을 발휘해볼 기회마저 스스로

인생의 목표는 자신의 무한한 잠재력을
개발함으로써 달성할 수 있다.
자신의 잠재력을 개발하도록 만드는 힘은
자기효능감에 달려 있다.

포기하여 결국 목표를 달성할 수 없게 된다.

자기효능감은 경험 또는 활동적 성취enactive attainment,즉 성공을 통하여 높일 수 있다. '저 사람이 할 수 있으면 나도 할 수 있겠다'라는 식으로 높아진 간접경험을 통하여 높아진 자기효능감은 직접 경험만큼 영향이 크지 않다.

한걸음 더

노력만이 능력을 키울 수 있다

인간의 모든 신체적 활동과 지적 활동은 후천적으로 학습된 것이다. 걷고 영어로 말하고 경제활동을 하는 것 등 모든 활동은 선천적으로 할 수 있는 것들이 아니고 많은 실패를 겪고 난 후에 경험을 통하여 얻게 되는 후천적 능력이다. 사람들은 평생 동안 자신이 가지고 있는 잠재력의 10%밖에 사용하지 않는다고 한다. 나머지 90%의 잠재력은 스스로 노력함으로써 개발할 수 있는 것이다. 아기들이 걸음을 배우기 위해 수없이 넘어져야 하듯이 시행착오를 겪지 않고서는 배울 수 없다. 실패는 배우는 과정에서 생기는 불가피한 일이므로 실패를 두려워해서는 성공할 수 없는 것이다.

피겨스케이트의 여왕이라 불리는 김연아 선수나 세계적인 발레리나 강수진 씨의 발을 보면 세계적인 명성도 엄청난 시간과 노력의 결과라는 것을 확인할 수 있다. 무슨 일이든 처음부터 잘 할 수 있는 사람은 없다. 한 가지 목표를 향해 꾸준하게 노력하면 목표를 이룰 수 있다. 노력은 스스로 능력을 키울 수 있는 가장 효과적인 방법이다.

그러므로 자기효능감을 높이기 위해서는 일단 자신이 할 수 있는 정도의 목표를 정하여 성공하는 것이 중요하다. 처음부터 너무 높은 목표를 정하게 되면 포기하기 쉽다. 계획을 세워 순차적으로 수준을 높여가면서 꾸준히 노력하면 어느덧 자신의 능력이 크게 향상된 것을 실감하게 된다. '낙숫물이 바위를 뚫는다', '천 리 길도 한 걸음부터', '시작이 반이다'라는 격언이 그냥 나온 것이 아니다. 결국 잠재력은 '할 수 있다'는 자신감을 갖고 직접 새로운 목표에 도전함으로써 개발될 수 있는 것이다.

많은 사람들은 새로운 기술을 배울 때 중도에 포기하는 경우가 많다. 처음에는 자신이 좋아서 배우기 시작했지만 일정 수준이 되면 더 이상 진도가 나가지 않으면서 벽에 부딪치는 순간이 온다. 그 순간을 뛰어넘어야 즐거움을 유지하면서 끝까지 기술을 익힐 수 있다. 그 순간을 건너뛰게 해주는 것이 바로 조시 카우프만이 제시한 '처음 20시간의 법칙'이다. 배우고자 하는 기초를 익히고 그것을 충분히 활용하거나 즐길 수 있을 만큼 연습하는 데 20시간이면 충분하다는 것이 그 핵심 내용이다.

그런가 하면 신경과학자 다니엘 레비틴이 제시한 '1만 시간의 법칙'도 있다. 다니엘 레비틴에 의하면 성공한 사람들에게는 한 가지 일에 1만 시간 이상을 투자했다는 공통점이 있다는 것이다. 단순히 1만 시간을 투자하는 것이 아니라 목표를 한 가지만 세우고 세분화된 계획을 수립하여 1만 시간 동안 조금씩 난이도를 높여 가는 방법으로 지속적으로 노력했을 때 원하는 성과를 나타낼 수 있다고 강조했다.

한걸음 더

처음 20시간의 법칙과 1만 시간의 법칙

'처음 20시간의 법칙'은 '독학의 달인'으로 불리는 조시 카우프만이 제안하는 빠른 시간 안에 원하는 목표를 달성하는 방법이다. 조시 카우프만은 "집중적인 노력과 함께 영리한 방법들을 사용해 20시간 연습을 시작하면, 약간의 노력으로 아주 짧은 시간 안에 원하는 결과를 얻을 수 있다"고 강조한다. 중요한 것은 그냥 20시간을 투자하는 것이 아니라 '제대로' 사용하는 것이다. 20시간의 효력을 극대화하려면 사전 준비를 어떻게 해야 하는지, 어떤 순서와 전략을 가지고 연습을 진행해 나가야 하는지를 알아야 한다. 조시 카우프만은 실제로 자기가 고안한 방법이 현실에서 적용 가능하다는 것을 보여 주기 위해 직접 20시간 안에 요가, 우쿨렐레, 윈드서핑, 바둑 등을 배우는 것을 실험했다.

그가 말하는 20시간 안에 새로운 기술을 마스터하는 방법은 간단하다. 첫 번째 단계는 복잡한 기술을 하위단계로 분리하는 것이다. 그 다음 두 번째로 하위단계의 기술을 연습하며 시행착오를 줄인다. 세 번째 단계는 연습에 방해되는 물리적 · 정신적 · 감정적 요인들을 제거하는 것이고, 네 번째는 연습에 몰입하는 것이다. 이렇게 20시간 동안 집중하고, 의도적으로 연습을 실천하면 취미나 자기계발을 목적으로 새로운 것을 배우는 이들에게 이 '처음 20시간의 법칙'은 꽤 도움이 될 것이다.

하지만 자신이 몸담고 있는 특정 분야에서 최고의 자리에 오르며 성공을 하고 싶은 사람이라면 다니엘 레비틴이 정리한 '1만 시간의 법칙'이 더 맞을 것이다. 1만 시간이면 하루에 세 시간 이상 10년 정도의 시간으로, 1만 시간을 투자했다는 것은 그만큼 성실하게 노력을 했다는 의미이기도 하다. 하지만 처음 20시간의 법칙처럼 1만 시간의 법칙 역시 단순히 시간만 투자한다고 해서 원하는 목표를 이룰 수 있는 것은 아니다. 『1만 시간의 법칙』의 저자 이상훈은 김연아, 스티브 잡스 등 우리가 소위 천재라 부르는 인물들이 어떻게 성공할 수 있었는지 분석하면서 그들이 1만 시간 동안 어떤 과정을 겪었고, 어떤 실천 전략을 사용하였는지 면밀하게 살펴보았다. 성공한 사람들은 1만 시간을 사용하는 동안 한 가지의 목표를 세우고, 그것을 위한 세분화된 계획을 수립하고, 조금씩 난이도를 높여가며 지속적으로 노력했다.

이상훈은 성공한 이들은 모두 '연습의 선순환'에 올라섰기 때문에 최고 전문가로 인정받을 수 있었다고 설명한다. 즉, 좋아하는 일을 찾아(1단계) 신중한 연습을 하면(2단계) 성취와 자신감을 얻는다(3단계)는 선순환의 법칙을 따랐기 때문에 그들의 연습과 성과가 질적으로 다를 수 있었다는 것이다. 1만 시간의 법칙은 성공이 하루아침에 이루어지는 것이 아니며 기본적으로 엄청난 노력과 인내가 필요하다는 것을 다시 한 번 강조한다.

자료 출처: 『처음 20시간의 법칙–무엇이든 가장 빠른 시간 내에, 가장 완벽하게 배운다(The First 20 Hours)』, 조시 카우프만, 알키, 2014
『1만 시간의 법칙』, 이상훈, 위즈덤하우스, 2010

폭넓은 인간관계의 형성

능력을 바꾸기 위한 또 한 가지의 방법은 인간관계의 형성이다. 세상에서 모든 일을 잘할 수 있는 사람은 없다. 사람마다 각자 타고난 소질이 다르고 잘할 수 있는 일도 사람마다 다르다. 그러므로 자신의 능력이 부족하여 '할 수 없는 일'은 그 일을 잘할 수 있는 사람의 도움을 받아서 할 수 있다. 지능의 차이도 인간관계를 통해 똑똑한 머리를 빌려 쓰면 된다. 성공한 사람의 대부분은 개인이 똑똑해서라기보다 똑똑한 사람과 인간관계를 맺어 도움을 받아서 성공한 것이다. 실례로 삼성그룹의 창업주인 고 이병철 회장은 생전에 "나는 내 일생을 통하여 80%는 인재를 모으고, 기르고, 육성하는 데 보냈다"라고 말하기도 하였다.

이런 의미에서 인간관계는 곧 개인의 능력이라고 볼 수 있다. 전문적인 지식과 경험이 중시되는 현대사회에서 다양한 인간관계의 형성은 개인의 능력을 변화시키는 가장 중요한 방법이다. 우리 사회에서 인간관계를 형성할 수 있는 대표적인 방법으로 활용되고 있는 학연學緣, 혈연血緣, 지연地緣은 능력보다 인연을 우선시함으로써 경쟁사회에서의 공정성을 훼손시키고 있다. 자신의 실력을 키우기보다 실력을 갖춘 조력자에게 줄대기에 급급한 바람직하지 못한 사회적 풍토를 조장하기도 한다. 그러나 좋은 인간관계는 인연이 아니라 능력과 신뢰를 바탕으로 형성되는 것이다.

인간관계를 통하여 조력자의 도움을 받으려면 도움을 요청하기 전에 먼저 자신이 할 수 있는 최선의 노력을 하여야 한다. 왜냐하면 조력자의 능력은 대부분 부단히 노력하여 획득한 산물이기 때문에 아무런 대가없이 계속해서 얻을 수 있는 것이 아니기 때문이다. 조력자의 도움을 받을 수 있는 인간관계는 서로의 능력을 주고받을 give & take 때만 지속됨을 잊어서는 안 된다.

04

능력의 사회적 배분 : 능력은 나눌수록 커진다

능력의 사회적 배분은 자신이 아닌 다른 사람의 능력을 키워준다는 점에서 자기개발과는 반대되는 개념이다. 하지만 능력의 사회적 배분을 통하여 조력자들의 능력을 키우는 것은 결과적으로 자신의 능력을 키우는 것과 같다고 보아야 한다.

능력의 사회적 배분은 자원봉사, 재능기부, 후원 등 여러 가지 형태로 나타나며 사회적 발전에 기여한다. 능력의 사회적 배분을 위해 능력이 있는 사람은 자신이 해야 할 일의 120% 이상을 달성해야 한다. 목표의 100%는 자신의 몫이고 나머지 20%는 사회적 약자의 몫이 된다.

신체적 장애를 가지고 태어난 사람은 일반인보다 후천적인 능력면에서 불리할 수밖에 없다. 하지만 이들에게도 당연히 하고 싶고,

이루고 싶은 꿈이 있기 마련이다. 선천적인 이유로 자신의 꿈을 이루지 못하는 이들이 좌절하지 않도록 사회적 보호와 배려가 필요하다.

사람은 누구나 사회공동체 안에서 자신의 인간관계와 성장욕구를 실현하기 때문에 유리한 능력을 타고난 사람일수록 같은 시대를 살아가는 사회적 약자들을 위해 자신의 능력을 나눠줄 사회적 책임이 있는 것이다.

그리고 저마다 각자의 능력에 따라, 사회구성원으로서 주어진 역할에 따라 감당해야 할 사회적 책임이 따른다. 선천적으로 유리한 능력을 타고난 것은 자신의 노력으로 취득한 것이 아니므로 더불어 살아가는 행복한 사회를 이루기 위해서 자신의 능력을 나누어주는 것이 마땅하다. 능력은 나눈다고 해서 줄어들지 않으며 오히려 그 반대다. 그리고 사회적 지위를 가진 사람들은 그들의 지위만큼 사회에 대한 의무, 즉 노블레스 오블리주를 기꺼이 이행하여야 한다.

여기서 잠깐

노블레스 오블리주

프랑스어로 '명예(Noblesse)만큼 의무(Oblige)를 다해야 한다'는 뜻을 담고 있는 노블레스 오블리주(noblesse oblige)는 신분과 지위가 높은 사회 고위 지도층 사람들에게 요구되는 높은 수준의 도덕적 의무를 지칭하는 말이다.

이 말은 초기 로마시대에 왕과 귀족들이 보여준 높은 도덕의식과 공공정신에서 비롯되었다. 초기 로마 사회에서는 사회 고위층이 목숨을 내건 참전은 물론, 자발적인 봉사와 기부를 하는 전통이 강했고, 이런 행위는 그들에게 의무이자 명예로 인식되었다.

시대와 국가를 막론하고 도덕적인 의무를 다하려는 사회지도층의 솔선수범 자세는 늘 국민정신을 결집시키는 원동력이 되었다. 우리나라에서도 조선 정조 당시 식량난으로 허덕이던 제주도 사람들을 위해 전 재산을 털어 쌀을 사서 나눠준 김만덕, 백리 안에 굶는 이가 없게 하라는 신념을 실천했던 경주 최부잣집처럼 노블레스 오블리주를 실천한 역사적 사례를 많이 찾아볼 수 있다.

자료 출처: 네이버 지식백과 '두산백과', '한경 경제용어사전', '박문각 시사상식사전'

한걸음 더

기부자들이 말하는 나눔의 즐거움

"수학 교사 꿈, 아프리카 아이들 위해 교과서 만들며 이뤘어요"
–회사원 양은혜(29) 씨

아프리카 아이들을 위해 수학 교과서를 만드는 일은 못다 이룬 제 꿈을 실현시킨 일이었어요. 수학을 전공해 아이들을 가르치는 것이 꿈이었어요. 하지만 현실적인 이유로 수학 교사를 포기하고 회사에 들어가게 됐어요. 평범한 일상을 보내던 중, 인터넷에서 '아이들을 위한 산수책을 만듭니다'라는 글을 우연히 보게 됐습니다. 예술가들이 모여 만든 '웰던 프로젝트'에서 아프리카 아이들을 위해 수학 교과서를 만들 교사를 모집한다는 내용이었죠. 수학 교과서를 직접 만들어 아프리카 아이들을 도울 수 있는 기회였어요. 다른 방식으로 수학 교사의 꿈을 이루는 거였죠. 평소 NGO를 통해 기부 활동은 했는데, 후원금을 모아주는 것이 제가 할 수 있는 전부라는 게 늘 아쉬웠어요. 하지만 이 프로젝트는 제가 가진 능력으로 아프리카 아이들을 도울 수 있다는 점이 심장을 뛰게 만들었어요.

설레는 마음으로 웰던 프로젝트를 시작한 후, 현재 1년이 넘도록 수학 교과서 콘텐트 기획에 참여하고 있어요. 봉사자들과 합숙하며 밤샘작업을 해요. 체력적으로 힘든 일도 많지만 제가 참여해 만든 교과서를 펼치고 열심히 공부할 아프리카 어린이들을 생각하면 행복하답니다.

자료 출처: 중앙일보, 2014년 9월 16일

마을 디자인 · 시골 천문교실… 온 동네 재능 기부

건국대 의상디자인학과 봉사동아리 '터치(Touch)'는 소외받는 이웃을 위한 재능 기부를 펼치고 있다. 2011년 연말엔 한 땀 한 땀 정성들여 만든 겨울철 점퍼 30벌을 홀로 사는 할아버지 할머니들께 전했고, 이듬해에는 '청각장애 학생 클라리넷 합주단' 35명을 위한 연주용 단복을 직접 디자인하고 제작해 선물했다. 지난해에도 서울 · 경기 지역의 '행복나무 소년소녀합창단'을 위해 맞춤형 단복을 만들어줬다.

건국대 우주탐구회 동아리 학생들은 여름방학마다 휴전선 인근의 시골 중학교를 찾아가 '천문교실'을 열어 '우주를 향한 꿈'을 심어주고 있다. 이 동아리의 재능 기부 봉사활동은 올해로 25년째를 맞는다.

건국대 예술디자인대학 학생들도 매년 여름방학에 농촌을 찾아가 재능 기부 봉사활동을 한다. 2012년엔 경기도 이천의 부래미 마을을 찾아 마을 이야기 지도를 만들고 마을 쉼터의 열쇠고리를 제작하는 등 재능을 활용한 문화 봉사활동을 펼쳤다. 지난해에는 경기 안성시 흰돌리 마을에 머물며 외양간 벽을 아기 소와 어미 소 벽화로 꾸미고, 마을체험관의 간판을 새로 제작하는 등 주민들을 위한 마을 디자인 작품을 선물했다.

건국대 글로컬캠퍼스 간호학과는 학생회를 주축으로 1~2학년 학생들이 충주시 장애시설 '나눔의 집'에서 중증장애인 110여 명의 산책과 식사를 도울 뿐 아니라 간호학과 학생들이 번갈아 가며 의료봉사를 하고 있다.

자료 출처: 조선일보, 2014년 8월 19일

6부

삶의 동반자

01

보물 캐기의 조력자

사람은 가장 기초적인 생리적 욕구조차 혼자 힘으로 충족하기 어려운 존재다. 성인 남자의 경우 배가 고파도 밥을 하고 반찬을 만드는 일이 쉽지 않으며, 가장 원초적인 성적 욕구도 상대가 없이는 해결할 수 없다. 사람들이 추구하는 욕구라는 무수히 많은 보물을 혼자서 캐기란 힘든 일이다. 혼자만의 힘으로는 능력이 부족해 땅속에 묻혀 있는 보물 상자를 캘 수 없다면 누군가의 도움을 받아야 한다.

만약에 혼자서 보물 상자를 캐고 있다면 외롭고 힘든 노동이 되겠지만 누군가와 더불어서 땅을 판다면 서로에게 의지가 되어 더 많은 보물상자를 캐낼 수 있을 것이며, 그렇게 캐낸 보물은 같이 나눌 수 있어 보람도 더 클 것이다. 이와 같이 추구하는 보물 상자를 캐는 과정에서 서로에게 부족한 능력을 주고받는 동시에 캐낸 보물을 같이 나누는 관계를 조력자라고 한다. 대표적인 조력자에는 가족, 친구, 동료들을 비롯하여 일상에서 인간관계를 맺고 있는 모든 사람들이 조력자가 될 수 있다.

일상에서 조력자 간의 도움은 항상 주고받는 형태로 일어나며 조력관계는 도움이 쌍방향일 때 지속된다. 부모들은 아기들이 방긋 웃는 모습에 자식을 위해 어떠한 희생도 기꺼이 감수하지만 부모와 자식 간에도 자식이 부모의 기대에 벗어나면 부모는 도움을 꺼리게 된다. 조력자 간에서도 어느 한쪽이 일방적으로 도움만 주고 도움을 받지 못할 경우 갈등이 생기고 관계도 멀어진다.

조력자는 할 수 없는 일을 대신 해주는 사람이 아니다. 그러므로 조력자의 도움을 요청할 경우에는 반드시 자신이 할 수 있는 최선의 노력을 해본 후에 요청해야 한다. 스스로 노력하지 않고 항상 조력자의 도움만 바란다면 조력자와의 원만한 관계는 물론 자기발전도 기대할 수 없다.

한편, 대부분의 조력자들은 같은 공간에서 생활하므로 서로 추구하는 욕구가 비슷하다. 그래서 때때로 조력자들 사이에서 한정된 자원이나 기회를 놓고 경쟁이 발생하기도 한다. 지나친 경쟁으로 인해 조력자 간의 갈등이 감정문제로 이어질 경우 조력자가 오히려 남보다 못한 훼방꾼으로 변하는 경우도 종종 발생한다.

가족

가족의 일반적인 특질은 성姓과 혈연의 공동체, 거주의 공동체, 가계家計의 공동체, 애정의 결합체, 운명의 공동체라고 할 수 있다. 가족은 기본적으로 부부와 미혼 자녀가 그 구성의 중심을 이루는데 이와 같은 가족을 핵가족nuclear family이라 한다. 또한 그 이외의 직계 또는 방계의 혈연자를 포함하는 가족을 확대가족extended family이라고 한다.

가족의 본질적인 기능은 성적 기능, 생식(자녀출산)의 기능, 자녀양육과 사회화의 기능이다. 가족은 남녀의 사랑을 기초로 하여 이루어지므로 성적 기능은 가족 구성의 중심이 되는 부부간의 성적性的 욕구를 충족시키는 기능을 하며, 부부간의 성생활의 결과로 자녀를 출산하는 생식의 기능은 사회의 다른 집단에서 대신할 수 없는 가장 중요한 기능이다.

아이들은 출생과 동시에 가족으로부터 보호를 받으며, 가정생활을 통해 교육받게 된다. 가정에서 가족은 아이들이 사회에서 잘 적응하고 바람직한 인간으로 성장하도록 돕는 역할을 하며, 자녀의 인격형성에 막대한 영향을 끼쳐 건강한 사회인을 길러내는 기능을 담당한다. 또한 가정에서는 장기간에 걸쳐 자녀부양이 필요함에 따라 부부간의 경제적 협력이 이루어지고, 정서적 융합 속에서 자녀의 사회화가 이루어진다. 이와 같은 가족의 본질적인 기능 이외에도 가족의 다른 기능으로는 종교적 · 오락적 · 보호적 · 사교적 기능

등이 있으며 이와 같은 여러 기능들은 가족 내의 개개인의 욕구를 충족, 조정하는 동시에 사회적 발전과 질서유지에 중요한 기능을 수행하고 있다.

대부분의 사람들은 가족들이 머무는 가정 안에서 인간의 가장 기초적인 생리적 욕구와 안전의 욕구를 충족시키며, 가족과의 관계를 통하여 애정과 소속의 욕구를 실현하며, 다른 사람으로부터 가치 있는 존재로 인정받고자 하는 존중의 욕구를 해결한다.

이런 점에서 배우자와 부모, 자식은 욕구의 보물 상자를 캐야 하는 이유를 제공하는 동기부여자인 동시에 캐는 방법을 가르쳐주며 직접 옆에서 캐는 작업을 도와주는 조력자이기도 하다. 가족은 작업을 계속할 수 있도록 힘들고 지칠 때 휴식과 위로를 제공하며 캐낸 보물을 함께 나누면서 성취 욕구를 느끼게 해주는 가장 소중한 조력자이다.

친구와 동료

친구는 성인이 되기 전, 정체성을 형성하는 데 중요한 역할을 한다. 친구는 서로에게 욕구의 보물 상자가 묻혀 있는 위치를 알려주기도 하고, 부모나 학교로부터 배우지 못한 방법과 수단에 대한 정보와 경험을 공유하는 조력자다. 또한 각자가 캐낸 보물에 관한 지식을 공유하고 그 결과를 비교하면서 서로에게 보물 캐는 작업을 독려하고 격려하는 선의의 경쟁자가 된다.

동료는 소속된 조직의 보물 상자를 함께 캐고, 캐낸 보물을 각자의 능력에 따라 나누어 갖는 공동작업자다. 공동작업을 할 때는 각자의 역할에 부여된 일의 결과가 공동작업의 성과에 영향을 미치기 때문에 동료는 서로에게 가장 필요한 조력자이다. 동료를 경쟁자가 아닌 목표가 같은 조력자로 인식할 때 작업의 성과는 극대화되며 원만한 인간관계도 형성할 수 있다.

이처럼 친구나 동료는 관계의 욕구를 충족하기 위해 꼭 필요한 존재인 동시에 자신의 성장욕구를 충족하기 위해 필요한 능력을 보완해줄 중요한 조력자이다.

02

조력자와의 갈등

가족이나 친구, 동료 등은 자신의 욕구를 실현하는 과정에서 서로 도움을 주고받는 조력자로서 개인의 정체성을 형성하는 중요한 요소이며, 욕구를 추구하는 동기를 부여하고 욕구충족의 대상이 된다. 또한 조력자는 성인의 발달과업을 함께 수행하는 삶의 동반자이기도 하다.

사람들은 자신의 욕구를 실현하는 데 소요되는 시간의 대부분을 조력자들과 함께 지내며 인간관계의 대부분도 조력자와 관련되어 있다. 이와 같이 사람들은 조력자들 사이에서 태어나 조력자와의 관계 속에서 일생을 보내게 된다.

이렇게 개인의 삶의 많은 부분을 차지하고 있는 조력자와의 갈등은 자신의 정체성에 대한 혼란을 불러일으키기도 하고 삶의 의욕을 상실하게 만들며 결국에는 갈등의 해결에 많은 에너지를 낭비함으로써 인생의 목표를 달성하지 못하게 한다. 삶의 동반자인 조력자와의 갈등은 인생 목표의 달성, 즉 성공을 했음에도 불구하고 불행한 삶이라는 결과를 초래할 수도 있다.

하지만 성격과 자라온 환경이 다르고, 살아가는 목표와 사회적 역할이 각기 다른 조력자 사이에 갈등이 생기는 것은 자연스러운 현상이다. 갈등은 오랫동안 누적되어 오던 문제들이 사소한 한 가지 쟁점으로 인하여 감정이 밖으로 표출되면서 발생한다. 갈등은 잠재되어 있던 문제들을 한꺼번에 밖으로 드러나게 하므로 한편으로는 문제의 본질을 파악하는 데 도움이 된다.

"비 온 뒤에 땅이 굳는다"라는 격언처럼 일단 밖으로 드러난 갈등은 피하지 말고 직접 부딪혀 해결해야 한다. 피할수록 갈등으로 인한 마음의 상처가 더욱 깊어질 수 있다. 갈등으로 인한 혼란 상태는 새로운 안정 상태로 가기 위해 불가피한 과정으로 보아야 한다. 서로의 입장 차이를 인정하고 갈등을 일으킨 문제들을 서로 공감하는 방법으로 해결할 경우, 갈등으로 틈이 생긴 서로의 신뢰관계는 더욱 돈독하게 회복할 수 있다.

사람에게는 일생을 살아가는 동안 여러 가지 사회적 역할이 주어지는데 조력자 사이에 발생하는 갈등의 첫 번째 원인은 개인의 역할이나 지위 혹은 신분에 따른 기대감에서 발생한다. 가정에서 가장의 역할을 못할 경우 생기는 부부 간의 갈등, 부모의 기대에 못 미치는 자녀와 부모 간의 갈등, 회사 내에서 상사와 부하직원 간의 갈등은 그런 대표적인 사례들이다.

갈등을 일으키는 또 다른 원인은 사람마다 각자 다른 가치관, 신념, 경험 등에서 오는 인식의 차이에 있다. 어떤 사물이나 현상이 객관적으로 동일한 것임에도 불구하고, 이를 보는 사람에 따라 그 느낌과 해석이 달라질 수 있는 것과 같다. 부모와 자식 간에 흔히 발생하는 학습 문제를 예로 들면 부모의 기대와 학습 문제를 보는 자식의 인식 차이 때문에 갈등이 생겨난다.

또 다른 갈등의 원인은 의사소통 방식과 문제해결 방식이다. 조력자들 간에 의사소통이 원활하지 못하면 의사전달이 잘못되거나 서로 다른 사실을 인식하게 되어 오해가 생기고 갈등이 발생한다. 문제를 해결하는 과정에서도 어느 한쪽이 물리력, 경제력, 법적 힘을 동원하여 상대방에게 자신의 일방적인 주장만을 강요한다든지 양쪽이 서로 자신의 주장만 내세워 상대방을 설득하려고 드는 문제해결 방식도 갈등의 골을 깊게 할 뿐만 아니라 또 다른 갈등의 원인이 되기도 한다.

그 외에 자원의 희소성 역시 중요한 갈등의 원인이 된다. 부모의 재산문제로 형제가 다투거나, 한 여인을 두고 친구가 삼각관계를 형성하는 경우는 자원의 희소성으로 인해 일어나는 조력자들 사이의 경쟁이라 할 수 있다. 자원의 희소성으로 생긴 갈등은 쌍방에 심각한 마음의 상처를 남기게 되어 서로에게 더 이상 조력자로서 역할을 할 수 없게 만드는 심각한 결과를 낳기도 한다.

여기서 잠깐

역할갈등이란?

사회의 구성원으로서 한 개인은 동시에 여러 가지 지위를 갖게 된다. 그리고 각각 주어진 지위에 따라 그에 맞는 사회적 행위를 하게 된다. 이때 한 개인이 갖게 되는 서로 다른 지위에 따른 역할기대가 다양할 경우, 역할기대 간에 긴장이나 갈등이 발생할 수 있다. 이런 것을 역할갈등(role conflict)이라 한다.

역할갈등은 역할모순과 역할긴장으로 구분할 수 있다. 역할모순은 한 개인이 두 가지 이상의 지위를 가질 때 각 지위 간에 서로 상반되는 역할이 요구될 때 발생하는 것이다. 대표적인 예가 결혼한 여성이 직장생활을 하는 경우, 직장에서 요구되는 역할과 주부나 엄마로서 해야 할 역할 사이에서 갈등이 생기는 것이다. 역할긴장은 하나의 지위를 갖는 개인에게 여러 가지 역할이 동시에 요구될 때 나타나는 역할갈등을 말한다. 결혼한 여성의 경우를 예로 들면, 가정에서 아내로 억척스럽게 가정경제를 잘 이끌어야 할 역할을 부여받는 동시에 아름다운 여성으로서의 역할도 동시에 요구받으며 역할긴장을 경험할 수 있다.

자료 출처: 네이버 지식백과 시사상식사전

부부 간의 갈등

부부 갈등은 주로 성격, 자녀의 지도방식, 성생활과 대화, 경제문제, 시집(친정)문제 등에서 야기된다. 그 중에서도 갈등의 빈도가 가장 높은 것은 성격차이와 자녀 지도 방식이다.

남녀가 결혼을 생각할 때는 서로 자기와 상반되는 성격을 가진 사람에게 끌리는 경우가 많다. 나에게 없는 점을 보완할 수 있다는 생각이 들어 자기와 다른 점이 강한 매력으로 다가오는 것이다. 하지만 결혼 후 자식도 생기고 엇비슷한 일상이 반복되다 보면 처음에는 상대방의 매력이라고 생각했던 '나와 다른 점'이 오히려 성격차이, 인식의 차이 등으로 해석되어 매사에 갈등을 초래하는 원인이 된다.

결혼을 하면 남녀 모두 각자 주어진 역할에 따라 해야 할 일이 생긴다. 이 과정에서 남녀의 성격차이는 '해야 할 일'에 대한 상반된 태도를 만들어 갈등으로 이어진다. 그리고 이 '해야 할 일'에 대한 상반된 태도는 서로에게 계속되는 잔소리로 이어진다. 가령 집안일을 미루었다가 한꺼번에 처리하는 부인과 그걸 참지 못하고 항상 주변이 깨끗이 정리되어 있기를 원하는 남편, 모처럼 휴일에 집에서 쉬고 싶은 남편과 아이들과 함께 외출을 하고 싶어 하는 부인이 함께 있다면 지겨운 잔소리가 반복되리라는 건 쉽게 예상할 수 있다.

하지만 성격 차이로 인해 발생한 갈등은 서로의 차이를 인정하고 화목한 가정을 이루고자 하는 상위욕구를 위해 상대방의 욕구를 존중한다면 어렵지 않게 해결될 수 있다. 가령 주말에 쉬고 싶은 남편과 놀러나가고 싶은 부인의 경우라면, 다음 주에는 남편의 욕구를 존중하여 집에서 쉬기로 하고, 이번 주에는 아내의 욕구를 존중하여 온 가족이 함께 외출하기로 합의를 보면 된다. 이렇게 조금씩 양보해 서로의 욕구를 존중해 주다 보면 차츰 성격차이로 인한 부부갈등은 사라질 것이다.

자녀 지도방식의 차이로 인한 부부갈등은 같은 문제를 바라보는 인식의 차이에서 생긴다. 어머니가 주로 자식의 학습능력을 중시한다면 아버지는 자식의 학습태도에 중점을 두기 때문이다. 학습능력과 태도는 둘 다 자녀가 성인이 되기 전에 해결해야 할 중요한 과업이기 때문에 이에 대한 서로의 의견을 존중한다면 부부간의 갈등도 해결될 것이다.

한걸음 더

님인지… 남인지… 안녕 못한 부부들

"최근 한 달 동안 남편 또는 아내와 영화를 보러 간 적이 있습니까?" "함께 산책을 한 적이 있습니까?"

이 같은 질문에 선뜻 답하지 못하는 부부가 늘고 있다. 부부 간 사이가 멀어지고 있다는 얘기다. 한국여성정책연구원이 7년간에 걸쳐 펴낸 여성가족패널조사 결과가 이 같은 트렌드를 웅변하고 있다. 이에 따르면 부부가 공동으로 여가를 즐기든지 활동하는 횟수가 점점 줄어들고 있다. 부부간 결혼생활 만족도는 2007년에 7점 만점에 평균 5.2점이었던 것이 계속 낮아져 지난해에는 4.7점까지 떨어졌다.

11일 세계일보가 입수한 여성정책연구원 자료에 따르면 '부부가 함께 외출해 영화와 공연, 스포츠 등을 1개월에 1회도 관람하지 않았다'고 한 응답 비율은 2007년 1차 조사 때 64%에서 2013년 조사에서는 74%로 늘었다. 조사는 2007~2013년 4번에 걸쳐 실시했으며, 매번 5964~7871명의 기혼여성을 대상으로 실시했다.

부부가 함께 산책과 조깅, 등산, 운동 등을 '1개월에 1회 미만'으로 거의 안 한다는 비율도 50%에서 61%로 증가했다. 2013년에 새로 추가된 '부부가 같이 사회봉사 및 공동체 참여하기' 문항에는 92%가 '1개월에 1회 미만'이라고 답했다. 여성정책연구원은 이처럼 부부의 공동 활동이 줄어드는 데 대해서는 이유를 찾지 않았다. 다만 맞벌이부부가 많아지고 육아부담이 커지면서 공동 활동이 줄어든 것으로 추정된다.

조사결과를 보면 부부가 함께 가족들을 만나는 것도 점점 뜸해졌다.

'부부가 같이 시댁 쪽 가족을 1개월에 1회도 안 만났다'는 응답은 조사 기간 44%에서 55%로 증가했다. 친정 쪽 가족은 더 높아 2007년 50%에서 지난해에는 60%로 증가했다.

부부가 함께하는 활동이 줄어든 탓일까. 부부간 갈등을 해결하는 것은 더 어려워지고 있다. 2007년 조사에서 '부부싸움 시 폭언과 욕설 등 심한 말을 하거나 들었다'는 비율은 15%였는데, 2013년 조사에서는 비슷한 질문에 7%포인트나 높은 22%가 그런 경험이 있다고 답했다. 갈등 시 폭력을 가하는 등 신체적으로 부딪친 경우도 2007년에는 5%였으나 2013년에는 7%로 증가했다. 이는 이혼율이 높아지고 있는 실정을 설명해 주는 근거가 되고 있다.

한국가정법률상담소의 ○○○부장은 "상담을 하다 보면 한 집에서 남처럼 사는 부부나 아버지가 귀가해도 인사도 안 하는 등 함께 대화하고 식사하는 전형적인 가족의 모습에서 벗어나 있는 사례를 많이 본다"면서 "부부 사이에 관심과 공유가 줄어들수록 갈등으로 치닫고 해체되기 쉽다"고 말했다.

또한 "우리는 남편과 아내의 역할에 대해 교육이나 훈련을 받은 적이 없어 어려운 일을 당했을 때 해결하는 능력이 부족하다"며 "부부, 그리고 부모가 되는 교육이 필요하다"고 강조했다.

자료 출처: 세계일보, 2014년 6월 12일

부모와 자녀 간의 갈등

부모와 자녀 간의 갈등은 주로 자식에 대한 부모의 기대와 부모의 간섭에서 벗어나려고 하는 자식의 욕구가 충돌하면서 발생한다. 자녀를 좋은 대학에 보내 좋은 직업과 배우자를 만나게 해주고 싶은 부모의 기대는 자식이 아닌 단지 부모만의 욕구일 뿐이다. 그러므로 정작 부모가 해야 할 일은 자녀가 자신의 정체성을 확인하고 스스로 잘 할 수 있는 일을 찾을 수 있도록 도와주는 것이다.

부모와 자식 간의 갈등은 자식에게 거는 부모의 기대를 바꾸거나 부모와 자녀 사이의 의사소통과 문제해결 방식을 바꾸어야만 해결될 수 있다. 청소년기 자녀를 둔 부모는 자녀가 성인이 되기 위해 자신의 정체성을 찾아가는 인생에서 가장 중요한 시기를 보내고 있으며, 성인이 되기 위해 반드시 '해야 할 일'을 하고 있다는 사실을 이해해야 한다. 그러므로 부모의 욕구를 일방적으로 자녀에게 강요하거나 다른 사람과 비교함으로써 자녀의 열등감을 조장시키거나 부모와의 사이에 갈등을 초래하는 일은 피해야 한다.

한걸음 더

'독친(毒親)'이 된 부모… 당신은 아닙니까

지난 7월 초순 서울의 한 고등학교 3학년생 민석(가명 · 18)군이 마포대교에서 한강으로 뛰어내려 스스로 목숨을 끊었다.

흔한 청소년 자살 사례 중 하나였지만 지인들 사이에선 민석이 부모가 서울의 명문대를 나온 '고학력 엘리트 가정'이란 점에서 충격이 컸다. 민석이는 그날 목숨을 끊기 전 엄마에게 '엄마와는 할 말이 없다'는 마지막 카카오톡 메시지를 남겼다.

대구의 한 중학교 2학년생 상호(가명 · 14)의 어머니 B(41)씨는 지난해 학교 상담 교사로부터 상호가 정서행동특성검사 결과 '자살 고위험군(群)' 판정을 받았다는 연락을 받았다. 초등학교 때 우등생이었던 상호의 중학교 첫 학기 성적은 최하위권이었다. 그동안 상호를 위해 한 과목에 수십만 원 하는 학원 과외에 돈을 쏟아 부었다는 B씨는 아들에게 "너한테 들인 돈이 아깝다"는 등 '악담'을 퍼붓기 시작했다. B씨는 그로부터 얼마 뒤 상호가 노트에 '엄마를 죽이고 싶다'라고 쓴 글귀를 발견했다.

아이들이 부모로부터 내몰리고 있다. 그 결과는 자살, 자해, 가출에 존속 살인 같은 극단적 선택까지 나타나고 있다.

통계청 등의 조사에 따르면 최근 5년간 초 · 중 · 고교생이 사흘(2.74일)에 한 명꼴로 자살하고, 자살 원인 1위는 '가정 문제(35%)'로 나타났다. 한국방정환재단과 연세대 사회발전연구소가 조사한 '2014년 한국 행복지수 국제 비교 연구'에서도 우리나라 어린이 · 청소년의 행복지수는 74위(OECD 회원국 평균 100)였다. 6년째 OECD 소속 국가 중 최하위다.

아이들의 불행과 일탈 배경에는 부모의 영향이 적지 않다고 전문가들은 말한다. 특히 고학력 부모들이 자기 욕심대로 아이들을 길들이면서 오히려 자녀 인생에 독이 되는 '독친(毒親 · toxic parents)'의 늪에 빠져 있다는 것이다.

여성가족부 산하 한국청소년상담복지개발원에는 부모와의 갈등 때문에 사이버 상담을 신청한 건수가 올 한 해만 5600여 건에 달했다. 개발원의 ○○○상담실장은 "고학력 부모일수록 자녀에 대한 기대 수준이 높고, 자녀에 대한 분노 표출이 즉각적인 경향이 있다"며 "독친은 아이들에게 '생애 초기 스트레스(early life stress)'를 줌으로써 '청소년 화병(火病)'을 유발하고, 이는 아이들의 성격 형성에도 아주 나쁜 영향을 미친다"고 말했다.

자료 출처: 조선일보, 2014년 11월 20일

형제 간의 갈등

가지 많은 나무에 바람 잘 날 없다는 말처럼 예로부터 형제들이 많은 집에서는 형제 간의 갈등 때문에 하루도 조용하게 넘어가는 날이 드물었다. 형제 간의 갈등은 동생이 태어나면서 어머니의 모유를 빼앗긴 형이 동생과 서로 모유를 차지하려는 경쟁에서부터 시작된다. 모유 경쟁에서 시작된 형제들의 갈등은 성장하면서 부모의 사랑과 후계자 자리(자원의 희소성)를 두고 서로 경쟁하게 된다.

동생에게 빼앗긴 부모의 사랑과 관심을 되찾으려는 형의 입장과 형으로부터 이를 지키려는 동생의 입장은 서로 상반되기 때문에 필연적으로 갈등이 생길 수밖에 없다. 부모의 관심을 서로 차지하려는 형제 간의 갈등은 부모가 심판이 되어 형제 간의 서열에 따라 각자의 역할을 부여하고 조정하면 드러나지 않을 수 있다.

특히 유교적 관습의 영향으로 형제 간의 서열을 중요하게 여기는 우리나라에서는 형제 서열에 대한 인식 차이로 인해 갈등이 많이 발생한다. 부모가 사망하거나 연로하여 심판자로서 부모의 통제력이 상실되었음에도 불구하고 형제 간의 서열에 따른 역할을 서로에게 강요할 경우, 잠재되어 있던 형제 갈등이 폭발할 수 있다. 부모의 유산을 둘러싼 갈등은 그 대표적인 사례다.

이러한 태생적으로 경쟁관계에 있는 형제 관계를 성인이 된 이후에도 계속 서열에 의한 상하관계로만 볼 경우 형제 간의 갈등은 피할 수 없다. 이러한 갈등은 형제 간의 관계를 평등관계로 인식할 때만 비로소 해결 가능하다. 형제 갈등은 자식들에게도 지대한 영향을 미치므로 특별히 주의를 기울여야 할 것이다.

친구 간의 갈등

친구는 어린 시절부터 성인이 되기까지 함께 성장하면서 각자의 이상과 정체성을 찾아가는 과정에서 서로에게 필요한 좌표 역할을 해준다는 점에서 매우 중요한 인간관계다. 특히 또래친구들과의 왕성한 접촉이 있는 청소년기에는 자연스럽게 서열도 정해지고, 서로 자아를 드러내며 신뢰를 쌓아나가는데, 이런 과정 속에서 친구 간의 좌표가 형성된다. 친구 간에는 간혹 폭력적인 다툼이 발생하기도 하는데 이는 서로 생각하는 서열의 차이 때문에 생긴 갈등이라고 볼 수 있다.

성인이 되기까지 친구들은 보물 캐는 방법을 같이 배우고 함께 연습하면서 서로의 경험을 공유한다. 특히 남자에게 있어 친구란 대화를 통해 감정적인 교류를 중시하는 여자와는 달리 실질적인 도움을 주고받는, 혹은 도움을 줄 의향이 있는 관계다. 남자들이 친구를 통해 얻는 것은 자신이 사회적 관계를 유지하고 있다는 안도감 또는 실질적인 도움인 경우가 많다.

이러한 친구관계는 성인이 된 이후 성공 여부에 따라 각자의 사회 · 경제적 지위가 달라지지만 어린 시절에 한번 정해진 친구 간의 좌표는 잘 변하지 않고 지속된다. 대개 친구 간의 갈등은 과거에 형성된 좌표와 현재 새롭게 만들어진 친구 사이의 좌표에 대한 인식 차이에서 발생한다.

친구 간의 좌표

A와 B, 두 친구가 있다고 가정할 때, 둘 사이의 좌표는 각자 상대방에 대한 동질감과 기대감의 인식에 따라 정해진다. 동질감은 성격이나 자라온 배경(출신지역, 학교 등), 공유한 경험 등으로 측정되며, 기대감은 서로에게 필요한 도움을 주고받을 수 있다는 기대치로 측정할 수 있다.

따라서 A군이 B군을 생각하는 좌표 A(A→B)와 B군이 A군을 생각하는 좌표 B(B→A)는 서로 다를 수 있다. 친구 간의 친분 정도, 즉 '우정의 크기'는 '동질감×기대감'으로 나타낼 수 있다. 예를 들어 어릴 적 죽마고우는 사회에서 만난 친구에 비해 동질감의 값이 클 것이며, 기대감의 값은 친구의 지위에 따라 달라질 수 있을 것이다. 따라서 서로를 생각하는 좌표의 차이에 따라 두 친구 간 우정의 크

:: **친구 간의 좌표**

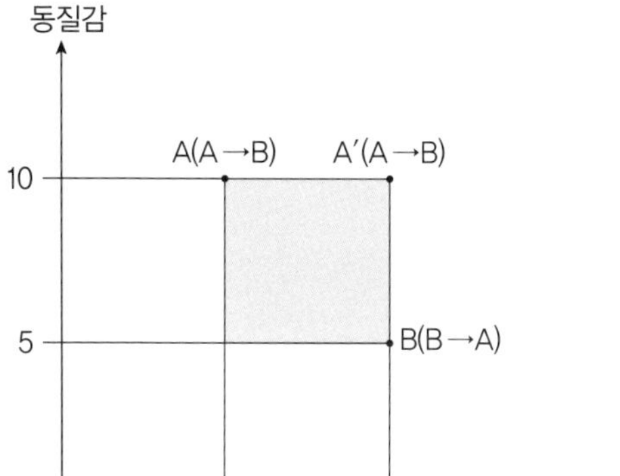

기도 달라진다. 만일 A군의 B군에 대한 기대치가 높아져서 B군에 대한 좌표가 A에서 A′로 변화될 경우 A가 느끼는 B에 대한 친분 정도의 크기가 달라졌기 때문에 변화된 우정의 크기는 두 친구 간에 갈등을 초래하는 원인이 될 수 있다.

친구 사이의 갈등은 친구관계를 공유하고 있는 다른 친구들에게까지 전파될 경우 한꺼번에 많은 친구들을 잃을 수 있기 때문에 두 사람만의 관계를 생각하기에 앞서 신중하게 대처해야 한다. 친구 간의 갈등은 현재 친구 사이에 새롭게 설정되어 있는 좌표에 대해 긍정적으로 이해하려 한다면 갈등을 극복할 수 있다. 오랫동안 앙금이 되어버린 기억들로 인한 자존심은 버리고 현재의 친구를 바라보는 인식과 친구에 대한 자신의 기대치를 바꾸면 갈등은 쉽게 해결되고 사라질 것이다.

좋은 친구를 원한다면 이들처럼
관포지교(管鮑之交)

관포지교란 '관중과 포숙의 사귐'이란 뜻으로 '우정이 아주 돈독한 친구 관계'를 말할 때 자주 거론되는 고사성어다. 춘추시대 제(齊)나라에 관이오(管夷吾)와 포숙아(鮑叔牙)라는 관리가 있었다. 두 사람은 서로 모시는 사람이 달랐는데, 포숙아가 모셨던 제나라 환공이 관이오가 모셨던 경쟁자를 누르게 되어 관이오는 역적으로 옥에 갇히게 되었다. 이때 포숙아는 자신의 재주가 관이오만 못하다 하면서 관중을 재상으로 천거했다. 환공은 신뢰하고 있던 포숙아의 말을 받아들여 관이오를 기용하고 나랏일을 맡겼다. 관이오는 훗날 포숙아를 생각하며 그가 얼마나 자신을 아끼고 인정해 주었는지 이야기했다.

관이오와 포숙아는 어렸을 때 함께 시장에서 생선 장사를 했다. 장사를 마치면 관이오는 늘 그날 번 돈을 나눌 때 포숙아보다 많은 돈을 가지고 갔다. 그래서 포숙아 편에 있는 사람들은 항상 그 점에 대해 불평을 했다. 그때마다 포숙아는 관이오를 두둔하며 그가 돈을 탐하는 것이 아니라 집안이 가난하고 식구가 많아서 내가 양보하는 것이라고 말했다.

한번은 두 사람이 전쟁에 참가한 적이 있었다. 전쟁터에 나갔을 때 관이오는 언제나 뒤로 숨었고, 싸움이 끝나고 돌아갈 때에는 맨 앞에서 걸었다. 사람들은 모두 그를 비겁하다고 욕했다. 그때도 포숙아는 그가 늙은 어머니에게 효도하기 위해서 그런 행동을 한 것이라며 관이오 편을 들어주었다.

이처럼 관이오는 포숙아가 자신을 위해 이런 말을 했다는 소문을 들을 때마다 "나를 낳아준 사람은 부모님이지만, 나를 알아주는 사람은 포숙아다"라고 말했다. 이 말은 지금까지도 관이오와 포숙아의 깊은 우정을 나타내는 유명한 말로 후세에까지 전해지고 있다.

동료 간의 갈등

동료 간의 갈등은 조직의 공동목표를 수행하는 과정에서 주로 역할에 대한 기대 또는 의사소통 문제로 인해 발생한다. 동료가 '해야 할 일'을 제대로 처리하지 못하거나 의사소통이 제대로 되지 않아 공동목표를 충분히 달성하지 못해 그 결과 전체 조직원의 사기를 위축시켰을 때 동료들 사이에는 갈등이 발생한다.

또한 조직사회에서는 한정된 자원(승진)을 두고 동료 사이에 눈에 보이지 않는 경쟁이 벌어진다. 이러한 경쟁으로 인해 생기는 동료 간의 갈등은 기업 발전에 긍정적 요소가 되기도 하지만 학연이나 지연 같은 외부적인 영향력이 경쟁에 개입될 경우, 결국 조직 전체의 발전에 걸림돌로 작용할 수 있다.

그러므로 한정된 자원을 두고 경쟁할 수밖에 없는 동료 간의 갈등은 동료를 경쟁자가 아닌 공동작업을 수행하는 조력자로 인식할 때 그 해결이 가능하다. 갈등 상황에 처한 사람들은 동료와 원만한 인간관계를 유지하려 노력하고 자신의 역할을 잘 수행하기 위해 필요한 능력개발과 함께 적극적인 태도 변화를 통해서 갈등을 해결해야 한다.

03

갈등의 해법

집안일은 뒷전이고 밖으로만 나다니는 아내, 자녀교육에는 아예 관심도 없고 친구들과 놀 궁리만 하는 남편, 상대의 입장을 고려하지 않고 제멋대로 행동하는 친구, 공동의 목표보다 항상 자신의 이익만 생각하는 동료들과 같이 갈등을 일으킬 수 있는 조력자는 언제나 가족으로서 친구로서 동료로서 우리 곁에 존재한다. 이런 사람들과의 갈등은 반드시 '해야 할 일'을 '하기 싫다'는 이유로, 또는 '할 수 없다'는 핑계로 하지 않거나, 자신의 역할에 대한 기대를 무시하고 '좋아한다'는 이유만으로 '하지 말아야 할 일'을 서슴없이 하는 데서 비롯된다. 조력자와 갈등을 일으키는 원인을 따져보면 각자의 역할에 부여된 '해야 할 일'과 '하지 말아야 할 일'에 관련되어 있다는 것을 알 수 있다.

이렇게 각자의 역할에 맞게 주어진 '해야 할 일'과 '하지 말아야 할 일'에 대한 인식의 차이로 시작된 문제가 부적절한 의사소통방식과 문제해결방식 때문에 걷잡을 수 없이 커져 심각한 갈등을 초래하는 것이다.

조력자인 가족, 친구, 동료 간의 갈등은 '보물 캐기' 작업에 심각한 영향을 줄 뿐만 아니라 비교적 그 발생빈도도 높다. 하지만 그에 비해 적절한 해결책을 찾기도 만만치 않다. 일단 조력자와 갈등이 생겼다 하면 먼저 갈등을 일으킨 원인을 해결함과 동시에 서로에게 상처가 되는 감정문제가 확대되지 않도록 해야 한다. '때리는 시어머니보다 말리는 시누이가 더 밉다'는 말도 있듯이 감정문제가 개입되면 갈등은 본질에서 벗어나 걷잡을 수 없이 범위가 확대되고 만다.

서로 공감할 수 있는 해결책을 찾기 위해서는 가장 먼저 서로의 차이점을 있는 그대로 인정하는 것이 필요하다. 그런 다음, 갈등을 일으키는 원인이 무엇인지 명확히 진단하고 원인을 해결할 수 있는 방법과 절차를 정해야 하며, 의사소통을 위한 적절한 수단이 마련되어야 한다. 만일 의사소통 방식이 적절하지 못하다면 또다시 감정문제로 비화되어 오히려 갈등을 더 심화시킬 수 있다. 그러므로 갈등의 원인을 찾고 그에 대한 평가를 하기 전에 감정문제가 먼저 해결되어야 한다. 갈등으로 인한 감정문제는 상대의 감정을 수용하고 상대의 말을 충분히 듣고 이해하려는 자세가 되어야 해결할 수 있다.

결국 갈등의 직접적 원인이 되는 역할에 대한 인식의 차이는 각자의 태도에서 비롯된 것임을 알 수 있다. 따라서 갈등의 해법 역시 각자의 태도변화에서 찾을 수밖에 없다. 자신의 역할에 주어진, 해야 할 일이 비록 하기 싫은 일이라도 조력자의 기대에 부응하기 위해 자신의 태도를 바꾸어 하기 싫은 일을 기꺼이 한다면 더 이상 조력자와의 갈등은 발생하지 않을 것이다.

7부

실패 없는
인생을 위하여

01

누구나 반드시 해야 할 일

누구나 성인이 되면 자신의 꿈을 실현할 원대한 인생의 목표를 세운다. 그러다 직장을 갖게 되고 결혼을 하고 자녀가 생기면서 그 이상은 서서히 빛을 잃어간다. 지금껏 한 번도 겪어보지 못했던 부모라는 막중한 책임감을 떠안게 된 다음부터 적자생존의 경쟁사회에서 자신의 이상보다 가족의 생존이 우선임을 깨닫게 되는 것이다. 당장 눈앞에 닥친 가족부양, 자녀교육, 주거문제, 승진 같은 현실적 문제 앞에서 자신의 이상은 한낱 일장춘몽이 되어 씁쓸히 기억의 저편으로 사라지는 것을 속수무책 바라볼 수밖에 없게 되는 것이다.

하지만 우리 주변을 둘러보면 모든 사람이 다 자신의 꿈을 포기하며 살아가는 것은 아니다. 여러 가지 현실적인 어려움 속에서도 자신의 이상인 인생의 목표를 실현해 나가는 사람들은 분명히 존재한다. 그들이 그럴 수 있었던 것은 현실적인 문제들을 이상을 달성하는 과정에서 반드시 해결해야 될 과제로 받아들이고 그로 인해 꿈을 포기하지 않았기 때문이다. 세상을 살다 보면 '성공하기는 어렵고 실패하기는 쉽다'는 사실을 알게 된다. 역설적이지만 실패하지 않는 것이 성공하기 위한 전제조건이 되는 것이다.

실패하지 않고 성공하기 위해서 누구나 반드시 해야 하고, 당연히 하지 말아야 하는 삶의 일반원칙이란 것이 존재한다. 여기서 삶의 일반원칙이란 경쟁에서 이기는 방법이 아니라 실패하지 않고 자신의 인생 목표를 달성하기 위해 갖추어야 할 올바른 태도와 능력을 키울 수 있는 방법이다. 또한 삶의 일반원칙은 성인이 되어 인생의 긴 여정을 떠나기 전에 준비해야 될 마음가짐인 동시에 여행 도중 길을 잃지 않고 즐거운 여행을 하기 위해 반드시 지켜야 할 행동지침이기도 하다.

꿈(이상)을 간직하라

꿈은 자신의 목표를 향해 나아갈 수 있게 하는 나침반과 같은 것이다. 꿈이 있어야 자신의 현재 위치를 알 수 있고, 나아갈 방향을 결정할 수 있다. 많은 사람들이 현실적 문제의 해결에만 급급해서 자신의 꿈을 잊어버리고 살아갈 방향을 잃어버리게 된다. 그러다 결국 노후가 되어 자신이 예상하지 못했던 처지가 된 뒤에야 때늦은 후회를 해보지만 그때는 이미 아무 것도 되돌릴 수 없음을 깨닫게 될 뿐이다.

꿈은 현실적인 어려운 난관들을 헤치고 목표를 향해 나아갈 수 있게끔 해주는 원동력이기도 하다. 꿈을 이루기 위해서는 끊임없는 노력과 희생이 있어야 한다. '할 수 있는 일'만 하고 '할 수 없는 일'을 포기해버린다든지 '좋아하는 일'만 하고 '싫어하는 일'을 회피해서는 결코 자신의 꿈을 이룰 수 없다.

노력과 희생이 따르지 않는 꿈은 단지 희망사항일 뿐이며 인생의 목표들을 하나씩 둘씩 달성해 나갈 때 비로소 자신이 품어왔던 꿈이 이루어진다. 자신이 원하는 삶, 추구하는 인생의 목표를 달성하기 위해서는 반드시 꿈을 간직해야 한다.

사실, 팍팍한 현실 속에서 꿈을 간직하며 산다는 것은 너무나 어렵다. 하지만 설령 그렇다 해도 꿈을 잃는다는 것은 곧 살아가는 의미를 잃는 것이 되므로 어떤 힘든 상황에서도 꿈만큼은 소중히 간직해야 한다.

한걸음 더

끈기와 성실함으로 꿈을 이룩한 반기문 유엔사무총장

반기문 유엔 사무총장의 어린 시절 이야기는 포기하지 않고 끊임없이 자신이 품은 목표를 향해 조금씩 나아가는 사람이 얼마만큼 성장할 수 있는지를 잘 보여주는 사례로 종종 회자된다.

반기문 총창은 어린 시절, 너무나 가난하여 알파벳도 모르고 중학교에 입학했다. 그러면서도 집안 형편이 어려워 장작을 패는 일부터 돼지 치는 일까지 고된 집안일을 맡아야 했다. 그렇지만 그는 거기서 어려운 환경 탓을 하지 않고 남는 시간을 쪼개가며 알아야 할 것들을 반복적으로 익히고 학습하였다. 그리고 마침내 그가 고등학생이 되었을 때는 대한민국을 대표하는 학생이 되어 미국 연수까지 가게 된다. 그는 그곳에서 케네디 대통령과 만나 외교관이 되겠다는 꿈을 가슴 속에 품을 수 있었다. 이렇듯 반기문 총장이 이겨냈던 어려운 시절의 이야기는 매순간 내가 갖고 있지 못한 것을 생각하며 불평불만을 늘어놓는 우리 자신을 반성하게 한다.

반기문 총장은『바보처럼 공부하고 천재처럼 꿈꿔라』(신웅진, 크레용하우스, 2012)라는 책에서 이렇게 말했다.

"꿈을 간직한 사람과 그렇지 않은 사람의 인생은 확연히 다르다. 작고 소박한 꿈이라도 꿈의 씨앗을 가슴 속에 품어라. 그리고 꿈도 물을 줘야 자라니까 그 꿈을 이루기 위해 최선을 다하라. 꿈을 품고 한 발 한 발 꾸준히 나아가면, 언젠가 그 꿈에 닿아 있을 것이다."

긍정적으로 생각하라

세상은 내가 원하는 대로 움직이지 않는다. 살다 보면 전혀 예상하지 못한 곳에서 도저히 극복하지 못할 것 같은 고비를 만나기도 한다. 하지만 비단 그런 일이 나에게만 일어나는 일은 아니다. 모든 상황들이 악화일로인 내리막길에서는 누구나 힘들기 마찬가지다. 힘들다고 해서 '하기 싫다'는 부정적인 생각만 하면 상황은 더 나빠질 뿐이다. 어떻게든 좋아질 거라는 긍정적인 생각을 하다 보면 내리막길에 이어 오르막길을 만나게 되고 힘든 고비를 극복할 수 있는 자신감도 생기게 된다.

긍정적인 생각은 자기효능감을 높여 무언가 '할 수 있는' 능력을 만들어준다. 마음먹기에 따라 '할 수 없는 일'은 아무 것도 없다는 긍정적인 태도가 긍정적인 결과를 만들어준다. 현대그룹을 창업한 고(故) 정주영 회장은 "무슨 일이든 시작하면 된다는 확신 90%와 반드시 할 수 있다는 자신감 10%로 밀고나간다"는 긍정적인 생각으로 불가능하게 보이던 수많은 사업들을 성공으로 이끌었다.

또한 긍정적인 생각은 사람의 기분을 좋게 하며 세상을 보는 사고의 폭을 넓게 하여 창의성과 문제해결 능력을 개선시킨다. 뿐만 아니라 긍정적 정서는 주변사람에게도 영향을 미쳐 타인과 원활한 관계를 맺게 해주어 사회적 능력을 키우는 데도 도움이 된다. 결국 긍정적인 생각은 자신의 능력을 키우는 밑거름이 된다.

지금 바로 행동하라

영국의 유명한 평론가 조지 버나드 쇼는 자신의 묘비에 "우물쭈물하다가 내 이럴 줄 알았다"라는 글을 새겨 넣었다. 그는 아마 후세 사람들에게 '우물쭈물하다가 인생에서 회한을 남길 수도 있으니, 그러지 말라'고 말해주고 싶었던 모양이다. 실제로 우리 주변에는 '해야 할 일'을 두고 '하기 싫다' 또는 '할 수 없다'는 생각만 하고 행동을 하지 않는 사람들이 의외로 많다.

사람들이 이처럼 '해야 할 일'을 미루는 이유는 실패를 두려워하거나, 책임지지 않기 위해 결정을 미루기 때문이다. 행동하지 않고서는 아무 일도 이룰 수 없다는 것쯤은 누구나 다 아는 사실이다. 우물쭈물 행동을 미루는 것은 신중하게 행동하는 것과는 엄연히 구분된다. 경쟁사회에서 우물쭈물하다 보면 한정된 보물 상자는 이미 다른 사람들에게 다 돌아가 내 차지는 없을지도 모른다. 시간과 기회는 나만을 위해 기다려주지 않는다.

'해야 할 일'을 하지 않고서는 목표를 달성할 길이란 없다. 따라서 '해야 할 일'이라면 망설이지 말고 바로바로 행동해야 한다. 누구나 처음부터 잘할 수 있는 일은 없다. 해보지도 않고 이룰 수 있는 일 역시 없다. 행동을 하다 보면 하기 싫던 일이 좋아질 수도 있고, 할 수 없다고 생각한 일이 할 수 있는 일로 바뀌기도 한다. 태도와 능력을 바꿀 수 있는 가장 확실한 방법은 지금 바로 행동하는 것이다.

의도성 체감의 법칙, 즉 행동은 미룰수록 실현하지 않을 가능성이 커진다. 그러므로 '해야 할 일'은 지금 바로 행동에 옮겨야 한다. 행동해서 생기는 후회는 시간이 지나면 사라지지만 행동하지 않아서 생기는 후회는 시간이 지날수록 더 커지는 법이다.

스스로 결정하고 결과에 책임져라

사람들은 흔히 어떤 일의 결과를 두고 '잘되면 자기 탓, 잘못되면 조상 탓'이라고 한다. 하지만 실제로 조상 탓하는 사람치고 잘되는 사람 없다. 스스로 인생의 목표와 계획을 세우고 자신이 선택한 행동의 결과에 책임지는 사람만이 성공하는 법이다. 실패한 사람들은 대부분 실패의 원인을 경기 불황이나 자금 부족 같은 외부적 요인으로 돌리려 들지만, 정작 실제적인 실패의 요인은 자신의 의존적인 태도에 있음을 깨닫지 못한다.

스스로 결정하고 결과에 책임지는 것을 '자기주도성'이라고 한다. 자기주도적인 행동은 외부의 지시가 없어도 스스로 일을 찾아내어 그 일을 추진하는 동안 직면할 수 있는 문제들을 사전에 예측하고 대비하는 행동을 말한다. 또한 의미 있는 변화를 이끌어내려고 일상적인 관행이나 관습에서 탈피해 새롭고 혁신적인 제안을 만들어 내는 행동을 의미하기도 한다.

자기주도성을 갖춘 사람은 주변 환경이 변화할 때 일어나는 여러 가지 저항에도 굴하지 않고 꿋꿋하게 자기 할 일에 매진하며, 스스로 선택한 '해야 할 일'에서 일의 의미meaning를 발견하고 즐겁게 일한다. 그리고 실패를 성공을 위한 여정에서 겪게 되는 불가피한 것으로 받아들여 스스로 그 결과에 대해 모든 책임을 지려 한다.

자기 행동의 결과에 대해 책임지지 않는 사람하고는 어떤 일도 같이 해서는 안 된다. 그 사람이 책임감이 있는지 없는지의 여부는 그의 생활태도를 보면 알 수 있다. 평소에 어떤 행동에 대한 결과의 원인을 자신의 잘못이 아닌 남의 탓 또는 외부적 원인으로 돌리는 사람은 책임감이 없는 사람으로 판단하면 된다. 자신의 행동에 책임지지 않는 사람과 같이 일하게 되면 중요한 시기에 더 큰 일을 그르치기 십상이라는 것을 잊어서는 안 된다.

가정을 소중히 간직하라

가화만사성家和萬事成, 가정이 편해야 모든 일이 잘 이루어진다. 가정은 자신의 존재욕구를 충족할 수 있는 원천인 동시에 성장욕구를 실현하도록 동기를 부여하는 삶의 목적이기도 하다. 가정은 자녀를 양육하고 올바른 가정교육을 통해 자녀의 사회활동에 필요한 삶의 지혜와 자신감, 책임감을 갖도록 교육하는 공간이기도 하다.

또한 가정 내에서 조성되는 가족 간의 정서적 유대감은 사회에서 윤택한 인간관계를 형성하도록 해주는 윤활유 역할을 하며, 가족은 외부의 위험으로부터 나를 보호해주고 어려울 때 도움을 주는 가장 중요한 조력자들이다. 가족은 내가 역경에 처했을 때나 실패했을 때 위안과 격려를 주고, 성공했을 때 같이 기뻐해주고 인정해주는 인생의 동반자이다. 따라서 어떤 것보다 먼저 가정을 소중히 간직해야 한다. 또한 사회를 구성하는 기본 단위인 가정을 올바르게 유지하는 것은 사회구성원으로서 기본적으로 '해야 할 일'이다.

인연을 소중히 여겨라

불가에서는 옷깃만 스쳐도 전생에 오랜 기간 동안 쌓인 인연이 있었다고 한다. 인연을 소중히 여김으로써 맺게 되는 원만한 인간관계는 부족한 자신의 능력을 보완해주는 든든한 지원군이다. 사회생활을 하다보면 수많은 사람들과 인간관계를 맺는다. 하지만 나의 능력을 키워주는 것은 인간관계를 맺고 있는 사람의 수가 아니라 어떤 인연으로 관계가 형성되어 있는지가 더 중요하다.

좋은 인연은 정신적 · 물질적 도움을 주고받으면서 서로에게 발전을 가져다 준다. 반면 나쁜 인연은 일방적으로 도움을 주거나 받기만 할 뿐 서로에게 해가 되는 관계다.

많은 사람들과 좋은 인연을 맺기 위해서는 우선 자신의 활동 범위를 넓히는 것과 아울러 사람을 대하는 태도를 바꿀 필요가 있다. 항상 비슷한 사람들과 어울리다 보면 폭넓은 교제를 할 수 없다. 사람은 누구에게나 낯선 사람을 경계하는 본능이 있기 때문에 먼저 내가 마음을 열어야 상대방도 마음을 열게 되어 새로운 인간관계가 형성된다.

하지만 무작정 많은 사람을 사귀는 것보다는 한 사람 한 사람 좋은 인연을 만들어가는 것이 더 중요하다. 한번 만들어진 인연을 소중히 지키다 보면 또 다른 좋은 인연을 만날 수 있다. 세상을 살다 보면 내가 어려움에 처했을 때 뜻밖의 인연이 나타나 수호천사가 되어주는 경우도 간혹 있다. 그러나 좋은 인연을 만들기는 어렵지만 해치는 것은 순식간이라는 사실 역시 기억해야 한다.

여기서 잠깐

케빈 베이컨 게임

이 게임은 한때 미국 대학가를 휩쓸었던 놀이다. '케빈 베이컨의 6단계'로도 불렸던 이 게임은 영화배우 케빈 베이컨과 다른 할리우드 배우가 몇 단계 만에 연결되는지를 찾는 게임이다. 놀랍게도 케빈 베이컨은 대부분의 할리우드 배우와 6단계 이내에 연결된다. 오래 전부터 서양에서는 "여섯 다리만 건너면 지구 위에 사는 사람들은 모두 아는 사이"라는 사회적 통념을 이용한 놀이가 있었다. 케빈 베이컨 게임도 이와 비슷한 생각에서 출발한 게임이다. 이 게임은 알고 보면 전혀 관계없는 사람도 나와 관계가 있을 수 있다는 것을 알려주며 인간관계와 인연의 중요성을 말해준다.

인간관계에 있어서는 서로의 장점을 활용하는, 서로에게 득이 되는 관계를 형성하는 것이 좋다. 상대방의 장점을 자신의 목적에 일방적으로 이용할 경우에는 어느 순간에 좋은 인연이 나쁜 인연으로 변할지 모른다. 따라서 상대방의 입장을 배려하면서 항상 진심으로 대하는 것만이 서로에게 도움이 되는 좋은 인연을 유지하는 비결이다.

약속을 지켜라

사람의 모든 행동과 관계는 약속으로 이루어진다. 약속은 다른 사람과 앞으로 일을 어떻게 할 것인지 미리 정해두는 것 또는 그렇게 정한 내용이다. 사람들은 자신과의 약속을 통해 계획적인 생활을 하게 되며, 다른 사람과의 약속을 통해 사회적 활동을 하게 된다. 인간은 태어날 때부터 사회적 동물로서 혼자 살아가는 것이 아니라 끊임없이 다른 사람과의 약속을 통해 관계를 형성하며 살아간다.

따라서 다른 사람과의 관계는 약속을 잘 지키는지에 따라 신뢰 관계가 될 수도 있고 불신의 관계가 될 수 있다. 어떤 사람과의 사이에 깊은 신뢰감을 쌓기 위해 가장 기본이 되는 것은 약속을 지키는 일이다. 바쁘다는 핑계로 가족과 한 약속을 지키지 못하는 가장, 걸핏하면 약속시간을 어기는 친구, 자신이 해야 할 일을 제대로 처리하지 못해 번번이 조직에 폐를 끼치는 동료, 선거 때만 되면 갖은 공약을 해놓고 이행하지 않는 정치인…. 이처럼 약속을 지키지 않음으로써 누군가에게 피해를 주는 행위는 결국 불신의 대상이 되고 만다.

그리고 모든 사람들이 안전하고 예측 가능한 미래를 살아갈 수 있는 것도 사회질서를 유지하기 위한 사회적 약속, 즉 법이 있기 때문에 가능한 일이다. 사람들은 자신의 의지와 상관없이 수많은 약속을 지켜야 하며 약속을 성실히 이행하지 못할 경우 다른 사람들로부터 '신뢰할 수 없는 사람'으로 각인刻印되어 정상적인 사회활동까지 힘들어진다. 결국 이런 사람은 사회적 처벌을 받게 되어 결국 자신이 세운 목표도 달성할 수 없게 되어버린다.

읽·을·거·리

약속의 중요성

중국 춘추시대 때 공자(孔子)의 제자 중 증자(曾子)라는 사람이 있었다. 증자는 '효(孝)와 신(信)을 덕행(德行)의 근본'으로 여기는 유학자였다. 어느 날 증자의 아내가 시장을 가려 하자 아이가 함께 가겠다며 떼를 썼다. 증자의 아내는 아이를 달래려고 그냥 생각나는 대로 "집에 들어가 있으면 저녁에 돼지를 잡아 맛있는 음식을 해 줄게"라고 말했다. 시장에서 돌아온 증자의 아내는 증자가 마당에서 돼지 잡을 준비를 하고 있는 것을 보고 깜짝 놀랐다. "아이를 달래려고 한 소리를 그렇게 진담으로 들으면 어떡해요?" 그러자 아내의 말을 듣고 있던 증자가 단호히 말했다. "아이에게 거짓말을 해서는 안 되오. 아이는 부모가 하는 대로 배우는 법인데 그런 거짓말을 하면 아이가 뭘 배우겠소. 엄마의 말이 거짓말이 아니라는 것을 보여주기 위해서 돼지를 잡아야겠소." 결국 증자는 엄마가 아이에게 약속을 지켰다는 것을 보여 주기 위해 돼지를 잡았다.

시간을 아껴 써라

아인슈타인은 상대성 이론을 설명하면서 "좋은 사람과 보내는 30분은 5분처럼 빨리 지나가지만, 지루한 기차여행은 5분도 30분처럼 느껴진다"라고 했다. 시간관념은 주관성이 작용하는 상대적인 감각이라는 뜻이다.

사람마다 느끼는 시간의 길이가 다르듯이 시간의 가치 역시 사람마다 다르다. 사랑하는 이를 기다리는 사람이 느끼는 한 시간의 가치와, 기차를 놓친 사람이 느끼는 1분의 가치는 전혀 다르다. 아찔한 사고를 순간적으로 피할 수 있었던 사람의 1초와, 은메달에 머문 육상 선수가 실감하는 1000분의 1초는 당사자만 느낄 수 있는 시간의 가치다.

'시간은 돈'이라는 말이 있다. 돈처럼 귀중한 시간의 가치는 시간이 어떻게 사용되는지, 시간이 얼마나 남아 있는지에 따라 달라진다. 외환 트레이드에게 시간은 곧 돈이 될 수 있고, 목숨이 얼마 남지 않은 사람에게 시간이란 황금보다 더 귀중한 것이지만 아무런 의미없이 흘려보내는 시간은 돈으로 환산할 수 없다. 시간을 돈처럼 귀하게 사용하는 방법은 시간을 자신의 인생목표를 달성하기 위해 사용하는 것이다.

인생목표를 달성하기 위해 '해야 할 일'에는 때가 있는 법이고 그 시기를 놓치면 시간은 돌아오지 않는다. 어린 자녀들과 함께 할 시간은 그리 많지 않으며 자기계발에 사용할 수 있는 시간 역시 넉넉

하지 않다. 한정된 시간을 아껴 쓰는 방법은 '해야 할 일'에 집중하고 '하지 말아야 할 일'에 시간을 빼앗기지 않는 것이다. '해야 할 일'을 위해 시간을 아껴 쓰다 보면 어느덧 목표달성에 한 발 가까워져 있는 걸 알게 될 것이다.

책을 가까이 하라

성인이 되면 부모와 학교로부터 배운 지식만으로 인생의 목표를 달성하기에는 부족하다. 책은 험난한 인생의 행로를 헤쳐나가는 데 필요한 지도와도 같다. 책은 한 번도 가보지 못한 길에 대한 정보를 제공하여 자신의 현재 위치와 주변의 상황 등을 알려준다. 책 속에는 자신이 겪어보지 못한 수많은 경험들과 알지 못했던 새로운 지식들이 무궁무진하게 들어 있다. 다양한 독서를 통해 부족한 능력을 보충하고 자신만의 정보체계를 확립하게 되면 주위의 변화에 현혹되지 않고 부화뇌동하지 않을 수 있다.

신문 역시 마찬가지다. 경제신문을 10년 구독하면 웬만한 경제지식쯤은 섭렵한다고 한다. 글로벌 시대에는 지구 반대편에서 일어난 일이 나비효과를 일으켜 나의 문제가 될 수도 있기 때문에 신문을 통해 항상 세상의 흐름을 파악해두는 것이 좋다. 독서를 통해 얻을 수 있는 마음의 양식은 자기 자신을 살찌울 뿐만 아니라 인간관계의 형성에도 도움이 된다.

여기서 잠깐

독서에 관한 명언

- 책은 한 권 한 권이 하나의 세계다. –W.워즈워스
- 좋은 책을 읽는 것은 과거의 가장 뛰어난 사람들과 대화를 나누는 것과 같다. –데카르트
- 사람은 음식물로 체력을 배양하고, 독서로 정신력을 배양한다. –쇼펜하우어
- 남의 책을 읽는데 시간을 보내라. 남이 고생한 것에 의해 쉽게 자기를 개선할 수가 있다. –소크라테스
- 가난한 자는 책으로 말미암아 부자가 되고, 부자는 책으로 말미암아 존귀해진다. –고문진보

한걸음 더

서울시민, 하루 평균 34.3분 책 읽어… 연 13.4권

서울시민이 독서에 투자하는 시간은 하루 평균 34.3분이며 연 13.4권을 읽는 것으로 나타났다.

22일 서울연구원이 발간한 인포그래픽스 제107호 '서울시민, 책 얼마나 많이 읽나?'에 따르면 지난해 기준 서울시민의 연간 독서율은 80.9%로 전국의 71.4%보다 높은 것으로 집계됐다.

이는 지난해 문화체육관광부가 실시한 '국민 독서실태 조사'에 따른 것이다. 만 18세 이상 성인 2000명 중 서울 표본 215명을 대상으로 종이책과 전자책을 포함한 결과다.

또 서울시민에게는 사계절 중 '겨울'이 독서의 계절로 꼽혔다.

서울도서관의 2012년 10월부터 지난 9월까지 최근 2년간 도서 대출건수 총 75만 9530건 중 12월부터 2월까지 겨울이 20만 2855건으로 가장 많고 9월부터 11월까지 가을이 17만 4413건으로 가장 적었다.

월별로는 1월에 7만 6429건, 9월은 5만 2314건이었다.

도서 분야별로 살펴보면 문학이 25만 7948건(34.0%)으로 가장 많았다. 이어 예술(11만 7551건, 15.5%), 사회과학(10만 8156건, 14.2%), 역사(7만 3674건, 9.7%), 기술과학(5만 9012건, 7.8%) 등이 뒤따랐다.

자료 출처: 뉴시스, 2014년 10월 22일

02

누구나 당연히 하지 말아야 할 일

대부분의 사람들은 성인이 되어 직장을 갖고 새로운 가정을 꾸미게 되면 모든 관심과 노력을 직장과 결혼생활의 안정에 집중하게 된다. 그러다 시간이 지나 직장과 결혼생활이 안정적으로 자리를 잡게 되면 비로소 눈과 귀를 외부로 돌려 자신의 위치를 확인하기 시작한다. 그때부터 서서히 주변의 성공담이나 실패 스토리에 관심을 가지게 되는 것이다. 주변 사람의 실패담은 마치 자신의 살점이 떨어지는 듯한 심리적 고통을 주지만 때로는 타산지석이 되어 세상살이에 필요한 교훈을 주기도 한다.

누구나 당연히 하지 말아야 할 일은 세상을 살아가면서 누구든지, 언제든지 빠지기 쉬운 실패의 법칙이다. 자신의 능력을 과신하거나 한 곳에 빠져서 인생의 목표를 상실한다면 실패할 수밖에 없으며,

남을 속이거나 편견에 빠져 있다면 좋은 인간관계를 맺을 수 없는 법이다. 당연히 하지 말아야 할 일을 하면서도 성공할 수 있을 만큼 세상살이가 그렇게 호락호락하지 않다는 것이 현실이다

자신의 능력을 과신하지 마라

사람들이 평가하는 자신의 능력은 주관적으로 지각된 행동통제력이다. 사람들은 객관적인 자신의 능력을 알 수 없으므로 자신의 능력을 과대평가할 수도, 과소평가할 수도 있다. 자신의 능력을 실제 능력보다 과대평가하면 자신의 분수에 맞지 않게 과욕을 부리게 되어 실패의 원인이 되고, 과소평가하면 자신의 능력을 발휘할 수 있는 기회를 잃게 되어 성공하기 어렵다. 자신의 분수를 지키고 과욕을 부리지 않는 것은 매우 중요하다. 과욕은 자신의 능력을 과신하는 데서 생긴다.

자신의 능력을 과신하는 경우에는 다른 사람의 도움이나 주변 여건의 변화로 인하여 일시적으로 성공한 것을 자신의 실제 능력으로 오인하는 실수를 범하게 된다. 세상을 살다 보면 주식시장의 활황으로 큰돈을 벌었던 사람이 시장의 변화를 읽지 못하고 주식투자에 빠져 결국 재산을 모두 탕진하거나, 주위 사람의 도움으로 성공한 사람이 자만에 빠져 더 이상 주변의 충고를 경청하지 않아 실패하는 경우를 흔히 볼 수 있다.

그리고 자신의 능력을 과시하기 위하여 갑자기 분수에 맞지 않는 과장된 행동을 하기 쉬운데 이런 행동은 다른 사람의 이목을 끌어 구설수에 오르거나 시기의 대상이 되어 전혀 예상치 못한 나쁜 결과를 초래하기도 한다.

한 곳에 빠지지 마라

어떤 일이든 그 분야에서 성공하기 위해서는 그 일에 모든 시간과 능력을 집중해야 한다. 자신이 좋아하고 잘 할 수 있는 일에 미쳐야 성공할 수 있는 법이다. 하지만 자신의 능력을 소비적이고 향락적인 곳에 집중할 경우 실패할 수밖에 없다. 사람들은 자신의 노력보다 보상이 지나치게 크거나 작을 경우 술, 도박, 게임, 섹스와 같은 향락적인 것에 빠져들기 쉽다. 예를 들어 복권에 당첨되어 갑자기 일확천금을 손에 쥔 경우나 계속 사업에 실패하여 경쟁 대열에서 낙오된 사람들을 보면 술, 마약, 도박 등에 빠져 있는 것을 흔히 목격할 수 있다.

치열한 경쟁사회를 살아가다 보면 사회적이고 환경적인 스트레스를 많이 받게 되고, 그것을 이겨낼 수 있는 심리적 면역성도 함께 약화되어 여러 가지 유혹에 빠져들 위험성이 높아진다. 한번 이런 것에 빠지면 욕구의 대상이 한곳에 집중되어 다른 일을 할 수가 없게 되어 목표달성에 실패할 가능성이 높아지는 건 더 말할 필요가 없다.

이처럼 어떤 한 가지에 빠지는 것을 '중독'이라고 하는데 자신이 중독인지 아닌지는 네 가지 요소로 쉽게 알아볼 수 있다. 첫 번째는 갈망의 정도이다. 예를 들면, 술을 먹어야겠다는 욕구가 너무 지나쳐 술을 얻기 위해 무모한 행동을 하거나 사회적으로 용납하기 힘든 행위를 하면 중독이다. 두 번째는 내성이다. 보통 술을 지나치게 먹는 사람들은 내성이 생겨 마실수록 술이 세진다. 세 번째는 금단증상이다. 알코올 중독자들은 갑자기 술을 끊으면 손을 떨거나 불안, 초초해 하는 등 일련의 금단현상이 나타난다. 네 번째는 사회적 · 직업적 장애다. 술로 인해 중요한 약속을 어기거나 회사에 지각이나 결근을 하는 등, 가정생활에 문제가 생기는 일이 발생하면 중독이라고 볼 수 있다.

최근에는 술이나 마약, 담배 등과 같은 물질중독뿐만 아니라 '인터넷 중독', '스마트폰 중독'처럼 특정 행동에도 중독되는 경우도 많다. 인터넷, 도박, 쇼핑, 성행위의 과도한 반복은 물질중독과 마찬가지로 내성과 금단, 강박적 사용 및 갈망, 대인관계 및 사회적 · 직업적 기능의 장애를 일으키기 때문에 의학적으로 '행위중독'이라 부른다.

중독은 개인의 몸과 마음을 망가뜨리는 것은 물론이고 가족까지 해치며, 결국 사회적인 부담으로 이어진다. 그리고 다시 그 중독자에게 외부 스트레스 요인으로 작용해 악순환의 고리를 형성하게 된다.

이처럼 중독의 심각성에도 불구하고 우리 사회는 술로 시작되는 접대문화와 술에 관대한 사회 분위기 때문에 자신도 모르게 알코올 의존성이 높아지고 있다. 한편, 세계 최고의 통신기술은 청소년들로 하여금 '인터넷 중독', '스마트폰 중독'이라는 위험상황에 빠져들게 하고 있다.

한걸음 더

스마트폰 중독 주범은 끝없는 '타인에 대한 집착', 중독자 77% "SNS 위해 사용"

스마트폰 사용 인구(국내 인구의 75.4% 사용 · 2014년 5월 말 기준 · 정보통신산업진흥원)가 늘면서 스마트폰은 명실공히 국민 생활필수품으로 자리 잡고 있다. 그러나 전 세대에 걸쳐 스마트폰 중독에 대한 우려 또한 커지고 있다. 그러나 많은 연구진들이 수없이 지적하고 있듯이 스마트폰은 휴대전화와 인터넷의 기능을 모두 가지고 있다는 점에서 이 역시 내성이나 금단증상, 일상생활의 어려움, 충동 조절장애 등과 같은 중독의 특성을 내포하고 있어 사회적인 문제가 될 가능성이 높다.

지금까지 스마트폰 중독은 단순히 기기 중독으로 이해하는 측면이 많았다. 그러나 최근에는 스마트폰 중독은 하드웨어 문제가 아니라 소프트웨어가 일으킨다고 해석하고 있다. 최근 한국정보화진흥원의 조사에 따르면 스마트폰 중독자의 77%가 주로 SNS를 하기 위해 스마트폰을 사용한다고 대답했다. 또한, 최근 한국언론학보에 게재된 한양대 박성복 교수팀의 논문에서도 스마트폰 중독에 가장 영향을 미치는 앱은 SNS인 것으로 나타났다.

스마트폰 중독을 유발하는 가장 큰 원인이 SNS인 셈이다. 의학적으로 SNS 중독은 일종의 '관계 중독'이라고 볼 수 있다. 관계 중독은 사람과 관계를 맺지 않으면 불안하고 관계에 집착하는 것으로, 여자가 남자보다 훨씬 많다.

인터넷 중독은 게임 등을 통한 가상의 세계에 매료되면서 현실 도피적인 성격을 갖는 반면에 SNS 중독은 타인과의 즉각적인 상호작용에서 오는 즐거움으로 인한 일종의 대인관계 중독에서 초래된다고 볼 수 있다.

전문가들은 "어렸을 때 부모로부터 충분한 사랑이나 인정을 받지 못하고 자랐다가, 입시나 취업에 계속 실패하면 관계 중독에 더 잘 빠진다"고 설명했다.

자료 출처: 아주경제, 2014년 11월 19일

자신과 남을 속이지 마라

정직은 바르고 곧은 마음으로 말과 행동에 거짓과 꾸밈이 없는 것을 의미한다. 보통 사람들은 하루에 세 번 이상 거짓말을 한다고 한다. 거짓말은 하면 할수록 늘게 되는데 욕구와 현실 간의 부조화로 인한 욕구불만을 해소하기 위해 거짓말을 자주 할 경우 결국 현실을 부정하거나 왜곡시키는 결과를 초래하게 된다.

정직하지 못하면 양치기소년처럼 다른 사람들로부터 신뢰받지 못한다. 정직함이란 진실하고 열린 마음open mind, 사실대로 말하는 태도를 의미하며, 어떤 일이 있더라도 진실을 말하는 것이다. 정직은 모든 일에서 가장 좋은 방법이 될 수 있다.

사회생활의 기본은 신뢰이며, 신뢰는 자신과 타인에 대한 정직함에서 생기는 것이다. 자신과 남을 속이지 않아야 행동에서 당당함이 생기고 다른 사람으로부터 신뢰를 얻을 수 있다. 어떤 경우에도 거짓말을 하지 않고 속이지 않으며 훔치지 않을 것이라 믿기 때문에 그의 언행에서 나타난 그대로가 사실이라고 받아들이는 것이다.

또한 정직은 신뢰사회를 이루는 기초다. 정직은 거짓 약속을 하지 않고 자신이 말한 그대로 행하는 것이다. 정직한 사회는 곧 신뢰사회다. 우리 사회가 불신사회라면 정직하지 못한 사람이 많다는 뜻이다. 부정직한 사람은 불신을 낳고, 불신은 더 큰 불신과 불이익을 초래하여 결국 부정직한 사람 자신도 그러한 불신사회의 폐해를 입을 수밖에 없다.

선입견과 편견을 버려라

선입견先入見은 선입관先入觀이라고도 하며 과거에 생성된 경험, 지식, 판단을 토대로 아직 발생하지 않은 상황에 대해 형성된 고정적인 관념이나 견해를 말한다. 선입견은 예를 들어 '그 사람 오늘도 분명 늦을 거야, 항상 늦는 사람이니까'라는 식으로 우리의 경험이나 느낌으로 어떤 대상에 대해 예단하는 것이다. 반면에 편견은 '뚱뚱한 사람은 대체로 게으르다. 그러니까 그 사람도 게으르겠지'라는 식으로 특정 집단이나 개인에 대해 한쪽으로 치우친 의견이나 견해를 갖는 것을 말하며 일반적으로 부정적인 평가를 동반하고 있다.

어떤 일을 처음 겪게 되는 경우 사람들은 일반적으로 자신의 경험과 지식을 토대로, 즉 선입견을 가지고 그 문제를 해결하려 든다. 하지만 이때 선입견은 자신의 눈과 귀를 막는 꼴이 되어 오히려 현실을 직시하지 못하고 올바른 판단을 저해할 우려가 있다. 뿐만 아니라 세상의 모든 것은 시간이 지나면 변화하기 마련인데, 편견에 사로잡혀 있다 보면 세상의 변화를 제대로 볼 수 없게 된다.

또 선입견과 편견은 폭넓은 인간관계를 가로막는 장애물이다. 어떤 사람을 처음 만날 때 선입견을 가지고 대하면 원만한 의사소통을 할 수 없을 뿐만 아니라 상대방에게 불신을 심어주기 십상이다. 따라서 선입견이나 편견을 배제하고 상대방을 있는 그대로 보고 들으며, 상대의 입장에서 생각해보고 말하는 것이 새로운 인간관계를 열어가는 최선의 방법이라는 것을 잊지 말아야 할 것이다.

한걸음 더

중국인 어머니 부끄러워 반항하던 아이가 최상위권 된 비결

강화군에 사는 15세 소년 박현우(가명) 군은 한국인 아버지와 중국인 어머니 사이에서 태어났다. 어머니는 중국 한(漢)족 출신으로 한국말이 서툴렀다. 박군은 대화도 잘 통하지 않고, 주변에서 이러쿵저러쿵 수군거리는 소리를 들어야 했던 어머니가 창피했다. 최근까지 일정한 벌이가 없는 일용직 노동자였던 아버지와 청소 일을 하는 외국인 어머니 밑에서 태어난 박군은 사춘기에 접어들자 더 짜증도 많이 내고 반항도 많이 하게 되었다.

이런 상황에 있던 박군에게 작은 기회가 찾아왔다. 어머니의 권유로 국내 한 기업체가 운영하는 '사랑의 다문화학교'에 지원하게 된 것이다. 평소 수학, 과학을 좋아했던 박군은 한 달에 한 번씩 한국과학기술원(KAIST) 영재교육원에서 진행하는 실험 강의를 들으며 조금씩 달라졌다. 카이스트 대학생 멘토 선생님이 진행하는 강의를 들으며 과학에 대한 이해를 넓혀갔고, 멘토는 박군에게 공부 방법도 알려주고 진로 상담도 해주었다. 박군은 '사랑의 다문화학교'를 다니면서 자신감도 생기고 학교 성적도 올라갔다. 그리고 박군은 2012년 7월 중국에서 열린 '상하이 국제 청소년 과학 엑스포'에 다문화학교 친구 4명과 함께 대한민국 대표로 참가했다. 그리고 자신이 아이디어를 낸 무선으로 전기를 공급받아 움직이는 '미니 온라인 전기 자동차'로 조직위원회상도 받았다. 영어로 진행된 개인 발표 부문에서는 태양광 발전기에 관한 프레젠테이션상도 받았다.

집안 형편 때문에 학원에 다니거나 과외를 받아본 적이 없는 박군은 저소득층 자녀에게 무료로 제공하는 방과 후 수업과 다문화학교 수업을 받으며 자기주도적으로 공부한 것이 큰 도움이 되었다고 말했다. 박군의 꿈은 생명과학자다. 그는 이제 부모님에게 중국의 언어와 문화를 잘 배워서 나중에 중국에서도 활동해보고 싶다고 말한다.

다문화가정이 점점 늘어나면서, 다문화가정에서 태어난 아이들의 교육이 이슈가 되곤 한다. 실제로 이 아이들은 잠재력을 많이 가지고 있으면서도 피부색이나 언어, 어려운 가정환경 같은 장벽에 가로막혀 제대로 자신의 능력을 발휘하지 못하는 경우가 많다. 특히 다문화가정에 대한 편견이 이들을 더욱 위축되게 만드는 데 일조하고 있다. 편견과 선입견을 버리고 시각을 달리 한다면, 다문화가정의 자녀들은 두 가지 언어와 문화에 일찍부터 노출될 수 있는 환경에서 자라기 때문에 글로벌 시대에 훨씬 더 뛰어난 인재가 될 수도 있다.

자료 출처: 서울신문, 2013년 2월 28일 기사 요약 · 발췌

나의 현재와 미래를 결정하는 태도

공자는 만년에 이르러 《논어論語》 '위정편爲政篇'에서 자신의 사상과 인격의 발달과정에 관해 다음과 같이 말했다.

15세에 학문에 뜻을 두었고(志學, 지학), 30세에 학문의 기초를 확립했으며(而立, 이립), 40세가 되어서는 판단에 혼란을 일으키지 않았고(不惑, 불혹), 50세가 되어서는 천명을 알았고(知天命, 지천명), 60세가 되어서는 귀로 들으면 그 뜻을 알았고(耳順, 이순), 70세가 되어서는 마음이 하고자 하는 대로 해도 법도에 벗어나지 않았다(從心, 종심).

공자가 자신의 경우를 예로 들어 개인이 발달단계별로 해결해야 할 과제들의 본보기를 제시해 놓은 것으로서 지금까지도 널리 회자되고 있는 글이다. 공자의 이 말씀에 베일런트 교수가 제시한 성인의 발달과업을 적용해 성인의 바람직한 삶의 과정을 재구성해 보면 다음과 같이 정리할 수 있을 것이다.

사람은 16~22세쯤 되면 성인으로서 자신의 정체성과 이상을 확립하여야 하고, 성인이 되고 나면 30세 이전에는 부모로부터 독립하여 결혼을 하고 직업적 안정을 이루어 사회생활과 가족부양에 필요한 능력을 확고히 갖추어야 한다. 30세 이후에는 자신의 직업에서 능력을 발휘하여 사회 · 경제적 지위를 높이고 다음 세대를 양성하는 생산성과업을 수행해야 하며, 40세에 이르면 욕구와 현실 간의 갈등을 극복하고 욕망의 유혹으로부터 자유로워지며, 50세에 이르면 세상의 이치와 자신의 사회적 소명을 깨우쳐 의미의 수호자 역할을 해야 한다. 60세가 되면 세상의 모든 일에 통달의 경지에 이르러 인생의 통합과업을 완성하고, 70세가 되어서는 욕구와 능력과 당위의 균형을 취하여 인생을 관조하면서 삶에 대한 만족감을 누리며 살아야 한다.

살아온 길

모든 사람들은 성인이 되기 전에 청운의 꿈을 가슴에 품고 자신에게 다가올 희망찬 미래를 기다린다. 하지만 막상 성인이 되어 사회에 발을 들여놓는 순간부터 자신이 꿈꾸던 목표를 달성하기 위해서는 수많은 현실적인 문제들을 해결해야 하며 많은 사람들과 경쟁하는 과정에서 부족한 자신의 능력을 깨닫게 된다.

나이가 지긋한 어른에게 다시 젊은 시절로 돌아갈 수 있다면 무엇을 하고 싶은지 물어보면 대부분 '공부를 열심히 해보고 싶다', '멋진 사랑을 해보고 싶다'의 대답이 돌아오는 게 보통이다. 자신이 걸어온 길을 되돌아볼 때 꿈을 이루지 못하고 현실과 타협할 수밖에 없었던 근본 원인이 자신의 능력 부족에 있었음을 깨닫고 그것이 회한이 되어 가슴깊이 남아 있기 때문이다. 젊은 시절로 다시 돌아가서 '공부를 해보고 싶다'는 사람은 아마 자신의 목표를 달성하지 못한 경우일 것이며, '사랑을 해보고 싶다'는 사람은 이상형을 만나지 못한 경우일 것이다. 젊은 시절 누구도 가르쳐주지 않았고 자신조차 알지 못했던 소중한 인생의 가치들을 이제 나이가 들어서 뒤늦게 깨닫게 되어 미련으로 남은 것이다.

나의 현재 모습은 내가 걸어온 흔적이다. 모든 사람이 살아가면서 자신의 이상과 이상형을 만나기 위해 노력했지만 현실적인 능력의 한계에 부딪히면서 그것과 점점 멀어져 갔다. 많은 사람들은 능력 부족으로 현실과 타협하면서 차선의 길을 선택할 수밖에 없었다. 그럼으로써 좌절의 쓴맛을 보게 되지만 그것도 잠시 뿐, 좌절의 고통과 이에 대한 경각심은 어디론가 사라지고 또다시 같은 일상을 반복하며 살아간다. 두 번 다시 좌절을 겪지 않겠다는 각오와 부족한 능력을 개선하겠다는 노력도 오래가지 못하고 흐지부지되어 버리고 만다.

그 이유는 똑같은 실패를 반복하지 않으려면 자신의 행동에 변화가 있어야 하는데 행동의 변화를 일으키는 태도를 변화시키는 것이 쉽지 않으며, 부족한 능력을 키우는 것 역시 많은 시간과 노력이 필요하며 이 또한 몹시 어렵기 때문이다. 이처럼 대부분의 사람들은 이런저런 이유를 핑계를 대면서 현실과 타협하며 차선의 선택에 만족하며 살아가고 있다.

현재 자신이 처한 사회 · 경제적 지위는 자신의 선택으로 정해진 것이다. 만일 살아온 길을 뒤돌아볼 때 후회가 생긴다면 그것이 자신이 '좋아하는 일과 할 수 있는 일'만 해왔기 때문이 아닌지 되새겨 볼 필요가 있다. 그리고 지금부터라도 '하기 싫어도 해야 할 일'을 하고 '할 수 없어도 해야 할 일'을 어떻게든 한다면 좀 더 나이가 들어 자신의 길을 뒤돌아보았을 때 회한의 크기가 달라질 수도 있을 것이다.

살아가야 할 길

마지막으로 이제 막 성인이 되어 세상으로 나가기 위한 출발선상에 선 사람들에게 꼭 해주고 싶은 말은 자신의 꿈을 끝까지 포기하지 말고 꿈을 실현하기 위해 최선을 다하라는 것이다. 다른 사람이 도와줄 수는 있어도 그 누구도 나의 꿈을 대신 이루어줄 수 없다.

최선의 노력을 하지 않고 이루어지는 꿈은 없다는 것을 가슴에 새겨야 한다. 끊임없이 자기개발을 통하여 목표를 달성할 수 있는 능력을 보충하고 좋은 인간관계를 형성하여 조력자의 도움을 받아서 목표를 이룰 수 있도록 노력해야 한다. 그리고 항상 올바른 생활태도를 유지하여 경쟁대열에서 낙오하지 않도록 실패하지 말아야 한다.

성인이 되기 전에 형성된 능력은 자신의 의지와는 무관하게 부모로부터 물려받은 것이 대부분이므로 다른 사람과 비교해 실망할 필요가 없다. 부족한 능력은 긍정적인 마음과 적극적인 행동으로 스스로 노력하면 얼마든지 보충할 수 있다. 오히려 능력의 부족을 탓하기 전에 현재 자신의 잠재된 능력을 다 쓰지 못하고 있는 건 아닌지 자신의 태도부터 돌아보기를 권한다.

하기 싫다고 하지 않고, 할 수 없다고 포기한다면 아무것도 이룰 수 없다. 꿈의 실현 여부는 '어디서 무엇을' 했는지에 따라 정해지는 것이 아니라 '어떻게' 했는지, 즉 '해야 할 일'에 대한 자신의 태도에 따라 결정되는 것이다.

성인이 된 사람들이 앞으로 살아가야 할 길은 자신의 태도를 바르게 하고 능력을 개발하여 자신이 꿈꾸어온 인생의 목표와 성인의 발달과업을 달성하는 것이다. 그래야만 나이 70세가 되었을 때 공자의 말처럼 '마음이 하고자 하는 대로 해도 법도에 어긋나지 않는 상태', 즉 욕구와 능력과 당위가 균형을 이루어 인생을 관조하면서 삶에 대한 만족감을 누리며 살 수 있을 것이다.

마지막으로 이 책의 기본 틀을 짤 수 있도록 많은 조언을 해주신 대구가톨릭대학교 심리학과 성 한기 교수님과 지금까지 살아오는 동안 저의 조력자가 되어 이끌어 주시고 부족한 부분을 채워주신 모든 분들께 진심으로 감사드립니다.

● 참고문헌

- 김재휘 지음, 『설득심리이론』, 커뮤니케이션북스(2013)
- 김혜자 지음, 『꽃으로도 때리지 말라』, 오래된미래(2004)
- 다니엘 핑크 지음, 김주환 옮김, 『드라이브 – 창조적인 사람들을 움직이는 자발적 동기부여의 힘』, 청림출판(2011)
- 로렌슬레이터 지음, 조증열 옮김 『스키너의 심리상자 열기』, 에코의 서재(2005)
- 로버트 치알디니 지음, 이현우 옮김, 『설득의 심리학』 21세기 북스(2002)
- 리처드 J. 게리그 · 필립 G. 짐바르도 지음, 박권생 · 박태진 · 성현란 · 이종환 · 최해림 · 홍기원 옮김, 『심리학과 삶』, 시그마프레스(2009)
- 매릴린 케이건 · 닐 아인번드 지음, 서영조 옮김, 『내가 말하는 진심, 내가 모르는 본심–무엇이 내 행복을 훼방놓는가?』, 전나무숲(2012)
- 미하이 칙센트미하이 지음, 최인수 옮김, 『flow : 몰입, 미치도록 행복한 나를 만난다』, 한울림(2004)
- 박미희 지음, 『아이의 재능에 꿈의 날개를 달아라』, 폴라북스(2008)
- 브라이언 트레이시 지음, 정범진 옮김, 『목표, 그 성취의 기술』, 김영사(2003)

- 소냐 류보머스키 지음, 오혜경 옮김, 『How to be Happy : 행복도 연습이 필요하다』, 지식노마드(2007)
- 신웅진 지음, 『바보처럼 공부하고 천재처럼 꿈꿔라』, 크레용하우스(2012)
- 에릭 H. 에릭슨 지음, 송제훈 옮김, 『유년기와 사회』, 연암서가(2014)
- 이보연 지음, 『우리 아빠가 달라졌어요』, 끌레마(2011)
- 이상훈 지음, 『1만 시간의 법칙』, 위즈덤하우스(2010)
- 정종진 지음, 『브레인 스트레칭』, 웅진윙스(2006)
- 조시 카우프만 지음, 방영호 · 조혜란 옮김, 『처음 20시간의 법칙-무엇이든 가장 빠른 시간 내에, 가장 완벽하게 배운다』, 알키(2014)
- 조지 베일런트 지음, 이덕남 옮김, 이시형 감수, 『행복의 조건-하버드 대학교 · 인간성장보고서, 그들은 어떻게 오래도록 행복했을까?』, 프런티어(2010)
- 존 맥스웰 지음, 김고명 옮김, 전옥표 감수, 『사람은 무엇으로 성장하는가』, 비즈니스북스(2012)
- 최인철 지음, 『나를 바꾸는 심리학의 지혜 프레임』, 21세기북스(2007)
- 클리포드 나스 · 코리안 옌 지음, 방영호 옮김, 『관계의 본심』 푸른숲(2011)
- 한덕웅 · 성한기 · 강혜자 · 이경성 · 최훈석 · 박군석 · 김금미 · 장은영 지음, 『사회심리학』, 학지사(2005)

지은이

상 진 尙進

1957년 대구에서 태어나 경북고등학교와 경북대학교 정치외교학과를 졸업하였다. '10년만 직장 생활을 한 뒤 나만의 회사를 설립하리라'는 꿈을 품고서 건설 회사에서 첫 직장생활을 시작하였다. 회사를 다니면서 건축에 관한 다양한 실무경험과 학문적 지식의 필요성을 절감하여 다시 경일대학교에 편입, 건축공학을 공부하였다. 그 후 12년 동안의 직장생활을 접고 계획했던 대로 1994년, 대진건설주식회사(토목건축 공사업)를 창립하여 현재 CEO로 있다.

주변에서 대학입시와 취업, 결혼 등 현실의 높은 장벽 앞에서 자신의 능력이 부족함을 절감하고 꿈을 포기하거나 좌절하는 젊은이들을 종종 목격한다. 이제 막 성인이 되어 세상을 향한 출발선상에 선 젊은이들의 그런 모습을 볼 때마다 앞만 보며 살아온 베이비부머 세대의 부모로서 안타까운 마음과 책임감을 느끼게 되었다. 비록 힘들고 어려운 현실이지만 끝까지 최선을 다해 '실패하지 않고 꿈을 실현해 나가기'를 바라는 마음에서 책의 출간을 생각하게 되었다.

E-mail : sjin0723@naver.com

미래를 결정하는
나의 태도

초판 1쇄 인쇄 2015년 5월 6일
초판 1쇄 발행 2015년 5월 8일

지은이 상 진
펴낸이 이임경

펴낸곳 마루비
등 록 제 25100-2015-000016호
주 소 서울시 마포구 동교로 29길 14-1 거산빌딩 203호
전 화 02-749-0194
팩 스 02-336-7825
이메일 marubebooks@naver.com

ISBN 979-11-955121-0-2 03190

이 도서의 국립중앙도서관 출판시도서목록(CIP)은 서지정보유통지원시스템 홈페이지(http://seoji.nl.go.kr)와 국가자료공동목록시스템(http://www.nl.go.kr/kolisnet)에서 이용하실 수 있습니다.(CIP제어번호 : CIP 2015010216)